T0319121

¡Adelante!

Una guía personal del éxito
para usted y su familia

Rudy Ruiz

RANDOM HOUSE ESPAÑOL™

New York

Primera edición en español de Random House Español, abril 2003.

Copyright © 2003 por Rodolfo Ruiz

Todos los derechos reservados conforme a las Convenciones de Registros Literarios Internacionales y Panamericanas (International and Pan-American Copyright Conventions). Publicado en los Estados Unidos por Random House Español, una división de Random House, Inc., Nueva York y simultáneamente en Canadá por Random House of Canada, Ltd., Toronto.

La información CIP (Clasificación de publicación) se dispone a petición.

Edición a cargo de Mary Lee.

Diseño de la cubierta por Sophie Ye Chin.   .

Diseño del interior del libro por Tina Malaney.

Producción del libro a cargo de John Whitman y Lisa Montebello.

ISBN 978-1-4000-0214-6

Con un agradecimiento especial para Heather y Paloma Ruiz por apoyarme en la búsqueda de mis sueños y para mis padres por otorgarme las herramientas para realizarlos, dedico este libro a todos los latinos que trabajan tan duro y que tanto me han impresionado e impactado en la vida, y muy especialmente a mi abuelito y abuelita, Alfonso Zolezzi y Magdalena Luebbert de Zolezzi: después de un siglo de trabajo, que en paz descansen.

Agradecimientos

Muchas gracias a Maryna Benavides —una gran traductora, editora y escritora— por toda su ayuda en la realización de este proyecto. Adicionalmente, les estoy muy agradecido a Christopher Warnasch de Random House Español por escogerme para escribir este libro, y a Mary Lee, mi editora, por su asistencia en finalizar su contenido. A Kevin Lang y Judith Hansen, mis agentes, les agradezco por todos los consejos y el ánimo que me han dado en mi búsqueda de llegar a ser algún día un autor publicado. Ha sido un placer trabajar con todos ustedes. ¡Espero seguir abriendo caminos juntos… hacia adelante!

Contenido

INTRODUCCIÓN

¡Trabaja sin cesar, trabaja!

Mi abuelito siempre me lo decía. Todavía recuerdo su voz cascada y en mi mente aún puedo verlo recostado en su mecedora bajo la sombra del aguacate que yacía en el patio de su casa. Mi abuelito era una fuente inagotable de dichos populares, aquellos proverbios cargados de sabiduría atestada. De niño, a veces me parecía que hablaba en enigmas, pero con el paso de los años he llegado a comprender que esa era su manera de plantar en mí las semillas de un código ético que echaría profundas raíces y que daría fruto con los años.

«Trabaja sin cesar, trabaja», es uno de los dichos que más intensamente quedaron grabados en mi memoria y que me acompañan aun hoy, tantos años después. Mi abuelito murió hace ya muchos años, pero la ética laboral y el espíritu emprendedor que me inculcó en la infancia todavía permanecen conmigo.

Lo recuerdo ahora porque es algo que veo en tanta gente como yo: latinos no sólo de México, sino de todas las naciones hermanas de habla hispana; ya sean de Guatemala o Cuba, de Puerto Rico o El Salvador, de Colombia o Argentina, todos hemos venido aquí a trabajar. Hemos venido buscando una oportunidad mejor, tanto para nosotros como para nuestras familias. Al igual que millones de otros inmigrantes y descendientes de inmigrantes que han llegado a esta nación, hemos traído con nosotros un entusiasmo y una energía muy particular, un anhelo de crecer y prosperar, así como un lenguaje y cultura vibrantes y poderosos.

A medida que los latinos hemos ido cambiando el rostro de los Estados Unidos, hemos cambiado también la esencia de la economía de este, nuestro nuevo hogar. Nuestra cultura, nuestra forma de vida, nuestras necesidades e intereses tienen cada día mayor influencia sobre los mercados del país. Gracias a nuestro explosivo crecimiento, somos el futuro de nuestra nueva patria.

La pregunta que todos debemos hacernos —como individuos, como padres, y como miembros de la comunidad— es: ¿qué clase de futuro vamos a construir?

El deseo de alcanzar mayores oportunidades que las que podríamos encontrar al sur de la frontera y una sólida ética laboral son el incentivo a nuestras ambiciones, pero necesitamos un mapa que nos muestre el camino del éxito en esta tierra de oportunidades.

Por extraño que parezca, mi abuelito no añadió ninguna cláusula a su dicho, pero a mí se me ocurre que el trabajo por sí solo, no es suficiente.

Veo tanta gente, latinos de toda condición, desde los que han tenido la suerte de contar con una educación superior hasta los que trabajan con enorme empeño y dedicación en los campos agrícolas, en el sector de la construcción, de servicio doméstico y de comercio. En todos ellos, como en mí mismo, puedo ver un gran potencial. Pero ocurre que muchas veces pensamos que con el mero hecho de lanzarnos al trabajo con esmero, lograremos salir adelante. Tal vez se deba a la ética laboral de proporciones legendarias que se nos ha inculcado a través de los siglos; tal vez sea parte de nuestra misma cultura, pero la verdad es que para poder triunfar en el mundo de hoy, debemos ampliar nuestra visión.

En resumen, de esto precisamente se trata este libro; en estas páginas quisiera compartir con usted mi propia versión del panorama. Es de esperar que usted tome de aquí algunos puntos, saque sus propias conclusiones y diseñe su propio mapa, ya que en cuanto a nuestra cultura concierne, la definición del «éxito» es a menudo muy distinta a la del resto del mundo. Nosotros damos más valor a la familia, a la religión y a la amistad, y las ponemos por encima del dinero, que es la medida del éxito en este país. Si reconocemos esta característica, podremos empezar a buscar el equilibrio que nos permita conservar nuestras prioridades al tiempo que creamos un futuro seguro y ameno, que rinda fruto abundante y nos permita a ser dueños de nuestro propio destino.

Así que me atrevo a decirles: **el trabajo por sí solo no es suficiente.**

Para alcanzar el éxito, debemos aprovechar al máximo los recursos disponibles en cuanto a la educación, al desarrollo de nuestras carreras y la administración de nuestra economía. Para poder hacerlo, necesitamos tener un conocimiento fundamental de estas materias. Mucha gente, en particular aquellos que han llegado a este país recientemente o son hijos de inmigrantes, no conocen todos los recursos y herramientas que pueden utilizar para mejorar su educación, sus ingresos y su bienestar permanente. Esto coloca a los latinos en desventaja, ya que vivimos en un mundo muy competitivo. Para formar parte de esta competencia y salir vencedores, necesitamos entender las reglas del juego. Es imprescindible conocer nuestros derechos y aprovechar las oportunidades que tantos otros han luchado por alcanzar.

Trate de imaginar cuántas dificultades tuvieron que vencer muchos para llegar aquí en busca de una nueva vida. En la mayoría de los casos, nuestras raíces familiares se remontan hasta un tiempo, un lugar y un individuo que tomó una decisión monumental. Imagínese ahora qué tragedia tan grande sería si nosotros, que somos los beneficiarios de esos sueños y sacrificios, no lográramos realizar nuestros más deseados anhelos.

En estas páginas compartiré con usted, desde mi perspectiva muy personal, lo que yo pienso son requisitos indispensables para alcanzar el éxito dentro de esta gran sociedad, en base a nuestras propias condiciones. Espero poderle brindar los conocimientos fundamentales necesarios que le permitan trazar su propio esquema del éxito para usted y su familia.

Yo me considero entre los afortunados. Mis padres fueron muy exigentes conmigo y mis abuelos me dieron un gran ejemplo, pero cada generación debe comprender que es necesario dar un salto hacia adelante y elevarse por encima de las circunstancias de su nacimiento.

Yo he comprendido hace tiempo —que me perdone mi querido abuelito— que el hombre no puede prosperar únicamente con el trabajo. Por el bien propio y el de nuestra familia, debemos exigirnos ver más allá de lo que nos enseñaron de niños. Cada día debemos apartar un tiempo en el trabajo, alzar la cabeza y darnos la oportunidad de ver hacia adelante e imaginar nuestro futuro. Debemos trazar el mapa y luego seguirlo; conocer las herramientas y utilizarlas. Sólo entonces podremos decirnos: «¡Trabaja sin cesar, trabaja!». Acaso encontremos que dentro de nosotros mismos yacen los cimientos sobre los que construir un futuro mejor y el ímpetu innato para dar un paso adelante y alcanzar el éxito deseado.

2

▼

Diez pasos para salir adelante

A mí me gustan las listas. Más que nada, son una herramienta verdaderamente útil: nos ayudan a organizar las ideas; nos ayudan a establecer prioridades en las metas y las tareas; nos permiten observar nuestro progreso; y no hay nada más satisfactorio que poder ver al cabo de cada día, semana, mes o año, cuánto hemos logrado. Además, es muy fácil recurrir a las listas. Son una brújula que nos mantiene fijos en el curso hacia nuestro objetivo final.

Por eso hice yo mi propia listita, la cual le pido tenga en mente y aplique en todas las secciones de este libro. Es muy sencilla, pero funciona. Yo la utilizo todos los días en mi trabajo y en mi vida sin siquiera ser consciente de ello, y estoy convencido de que me ha ayudado a llegar donde estoy.

DIEZ PASOS PARA SALIR ADELANTE

<u>1</u> Sueñe en grande

<u>2</u> Haga una lista de sus metas

<u>3</u> Haga una lista de los pasos que se requieren para llegar del punto A al punto B

<u>4</u> Oblíguese a aprender y entender lo que se necesita para hacer que cada paso se convierta en realidad

<u>5</u> Cuestione todo y pida ayuda

<u>6</u> Forme y conserve relaciones

<u>7</u> Conozca sus derechos y exija que se respeten

<u>8</u> Amplíe y explore sus opciones

<u>9</u> Sea flexible y aproveche las oportunidades

<u>10</u> Viva como si ya hubiese alcanzado su sueño

1. Sueñe en grande

Cada jornada de éxito empieza con un destino en mente. Ese destino puede ser tan preciso como una meta bien definida, o puede ser un poco más abstracto, como el deseo de llenar un vacío interno o satisfacer un deseo. Para tener éxito en la vida, hay que soñar en grande. ¿Por qué no esforzarse al máximo y ser lo mejor que se pueda? Permítase tener una ambición extraordinaria, porque, al fin y al cabo, ese es el «sueño americano». Es la razón de que estemos aquí: porque creemos que en esta tierra de oportunidades encontraremos la libertad que nos permita apuntar más alto y alcanzar más lejos; porque tenemos sueños y deseos que no podemos realizar en otras partes del mundo.

Veamos: si su meta es convertirse en su propio jefe, pregúntese si ese sueño no debería ser mayor. ¿No debería soñar con establecer un negocio exitoso? Si trabaja como jardinero, ¿no debería soñar con establecer una de las mejores compañías de diseño de jardines en su ciudad? Si su sueño es tener suficiente dinero para vivir tranquilo en la vejez, ¿no debería soñar mejor con jubilarse siendo aún joven y recorrer el país en un remolque? Si su sueño es proteger los derechos de los latinos, ¿no debería participar en las elecciones o aspirar a un puesto público? ¿No debería soñar con estudiar Derecho y licenciarse de abogado defensor, juez o miembro del Tribunal Supremo de la nación?

Usted tal vez se ría, pero en mi libro ningún sueño es demasiado grande. Y ninguna esperanza es tan pequeña como para ser ignorada. Así que haga de su sueño algo extraordinario. Delo a conocer: que resplandezca con el furor de las decisiones tomadas. No se deje convencer por nadie de que es imposible realizarlo.

Permítame compartir con usted mi primer gran sueño. Cuando yo era un muchacho de quinto grado en la escuela primaria, uno de mis compañeros me preguntó qué era lo que quería ser de grande. Sin pensarlo mucho, le contesté: «Cuando yo sea grande, voy a asistir a la Universidad de Harvard. Luego seré un escritor y senador de los EE.UU.».

Después de unos minutos de silencio, mi compañero soltó unas carcajadas escandalosas y se fue corriendo a jugar al fútbol en el patio de la escuela como era de esperar. Por el contrario, mi costumbre era pasarme el tiempo entero en la biblioteca, por lo que no es de sorprender que estuviera solo muy a menudo. Con todo, por lo menos tenía un sueño, y aquella determinación era como una colcha cálida en una noche de invierno. Su sola existencia me alegraba el corazón.

Algunos años después, cuando estaba en el onceavo grado en la secundaria, un amigo me preguntó a cuál universidad asistiría y yo le contesté con toda naturalidad: «A Harvard». Una vez más, mi respuesta provocó risa, y mi amigo apenas se dignó a contestarme con un simple: «Sí, cómo no».

Mis compañeros se reían de tales disparates, mientras que mis padres pensaban probablemente que mis sueños eran extravagantes y poco realistas. Hasta se preocupaban pensando que sufriría al no poder alcanzarlos. Sin embargo, yo estaba decidido: no abandonaría mi más grande anhelo con tanta facilidad. Un año y medio después, me despedí de aquellos compañeros incrédulos, quienes me consideraron siempre un bicho raro y medio loco por tener sueños tan grandes. Ya nada de eso importaba, pues iba a asistir a la universidad más famosa del mundo.

Mi padre fue la primera persona en toda su familia —entre sus padres, hermanos, abuelos y primos— en graduarse de la universidad. Mi madre no asistió a ninguna universidad; sus padres —mis abuelos— habían, cuando mucho, terminado la primaria. Pero a mí me habían admitido en Harvard. El sueño había sido grande, pero el corazón me lo había dictado y nunca dejé de escucharlo.

Escuche a su corazón

Cuando esté ideando su meta, escuche la voz que le habla desde lo más profundo de su corazón. No deje que su respuesta se la dicte nadie. Busque en la profundidad de sus sentimientos. ¿Cómo desearía pasar sus días? ¿Qué le gustaría inculcar a su familia, a sus hijos? ¿Qué herencia le gustaría dejarles? Medite sobre todo esto y sueñe. Ya sea que quiera recibir una educación, seguir una carrera o ganar más dinero, su sueño debe motivarlo para que sus esfuerzos no vayan encaminados hacia objetivos ajenos, sino sean la expresión de su propio deseo y la voluntad de alcanzar un destino que usted mismo eligió.

Para algunos esto parecerá simplemente sentido común, pero yo opino que es muy importante que quede bien claro. ¿Por qué? Porque para muchos latinos, ésta es una manera de pensar totalmente nueva: es la manera americana. En mi experiencia con nuestra propia cultura, encuentro que a menudo hemos sido educados para vivir como nuestros padres y trabajar para conseguir los sueños de estos. En nuestros países de origen, y aun en este país, los latinos casi siempre vivimos en la casa paterna hasta el momento de casarnos. Es mucho más probable que trabajemos con nuestros padres, hermanos o hermanas, y con gran frecuencia desde muy pequeños nos empujen a seguir los pasos de nuestros padres, o hacia la carrera o forma de vida que ellos imaginan ser el siguiente paso en el progreso de la familia.

Esto es perfectamente normal en nuestra cultura, y no

es la única que sigue estos dictados. Pero para poder realmente ser libres y aprovechar al máximo que nos brinda el país en que vivimos, debemos asegurarnos de que el sueño que luchamos por alcanzar sea realmente nuestro. Para eso debemos escuchar a nuestros corazones por encima de todas las voces ajenas que pretenden elegirnos el destino.

El sueño que mi padre abrigaba para mí era que yo me licenciara de abogado. Por muchos años, adopté su sueño. En la universidad, me preparé para asistir a la Facultad de Derecho. Hice los trámites para presentarme al examen de admisión, pero cuando llegó el día, simplemente no pude animarme a ir. Nunca antes había dejado de asistir a un examen. Estaba en el último año de la universidad y no tenía la menor idea de lo que vendría después, pero tenía el presentimiento de que la Facultad de Derecho no era el camino correcto. Debo haber presentado la solicitud por lo menos tres veces para luego no asistir en la fecha del examen, hasta que finalmente caí en la cuenta: no quería tomar el examen porque no quería ser abogado. Aquello era simplemente lo que se esperaba de mí, y esa no debe ser la fuente de ningún sueño. Asimismo, el sueño que usted escoja debe inspirarlo y motivarlo a la acción. Debe resonar en cada célula de su ser.

Inspírese

Los sueños son capaces de inspirarnos; brillan a través de todas nuestras acciones y pueden ayudarnos a elevarnos sobre lo ordinario y común, dejar atrás la mediocridad y abrigar la excelencia.

En el camino hacia sus sueños, usted también puede recibir inspiración de otras personas que han triunfado en la vida y de quienes pueda aprender lecciones valiosas. Por mi parte, recuerdo que durante todas esas tardes que pasé con la nariz metida en los libros, siempre me sentí atraído por la sección de Biografías. Leí todo lo que cayera en mis manos, y esas historias me inspiraron a anhelar la grandeza y a creer en mi capacidad de alcanzarla. Una y otra vez, estudié la trayectoria que siguieron figuras legendarias de la historia norteamericana como Teddy Roosevelt, Amelia Earhardt, Louis Braille, Thomas Jefferson, Abraham Lincoln y Helen Keller. Me quedé deslumbrado por las proezas alcanzadas por aquellos seres extraordinarios, quienes gracias a su férrea voluntad fueron capaces de elevarse por encima de sus orígenes, con frecuencia humildes. La grandeza no distingue entre razas ni procedencias. Así que esté seguro de que podrá contar con innumerables historias que valen la pena imitar, porque si hay algo que la mayoría de estas historias tienen en común, es la combinación de visión y fuerza de voluntad que impulsa a ciertos individuos a alcanzar metas que parecen increíbles.

Y en la medida en que usted crea en su sueño, los que lo rodean empezarán a creer en él también. Los sueños grandiosos son contagiosos. El día que fui aceptado en Harvard, todos aquellos que habían dudado o habían incluso tratado de disuadirme de mi atolondrado propósito, de pronto querían ser parte de mi éxito. La consejera que se había reído de mí cuando le pedí información por la solicitud, ¡juraba haber aplaudido mi empeño en ingresar a Harvard! La gente ahora me comentaba: «Siempre supe que lo lograrías». Mientras que sólo tres personas de mi ciudad fueron a Harvard en la década anterior, desde que yo fui admitido, cada año admiten a alguien más. Es más, en mi propia familia, dos personas se han graduado de Harvard en los últimos años. Claro que no pretendo haber sido la causa de todo aquello, pero sí creo que el haber hecho realidad mi empeño influenció a los que me rodeaban que no era imposible, y que trabajar duro y con determinación para alcanzar un sueño grandioso da resultado. Mientras más grandioso sea el sueño, mayor será la recompensa. Así que sueñe con pasión. Pero asegúrese de avanzar lo necesario para hacer de su sueño una realidad.

2. Haga una lista de sus metas

Su sueño puede abarcar varias metas. Anótelas. Cuando algo está por escrito, parece más real. Guarde la lista en un lugar seguro, y léala de vez en cuando para recordar hacia dónde va encaminado. Sus metas le motivarán y serán su inspiración.

Se sentirá enormemente recompensado cuando alcance una de ellas.

3. Haga una lista de los pasos que se requieren para llegar del punto A al punto B

Trace su curso. Vea cada meta de manera individual. Piense dónde se encuentra ahora y en dónde quisiera estar dentro de un año, dentro de tres o ¡incluso dentro de diez años! Anote, paso a paso, lo que habrá que suceder para que usted avance metódicamente hasta lograr su meta. Éste será su mapa hacia el éxito. Manténgalo al alcance; siga enfocado en su marcha hasta que llegue el momento de avanzar al siguiente paso.

4. Oblíguese a aprender y entender lo que se necesita para hacer que cada paso se convierta en realidad

Esfuércese por entender lo que necesita para completar cada fase de su itinerario. Con cada punto en su itinerario, esfuércese por entender lo que se necesita para completarlo. Mientras más conozca, más entenderá, y podrá cumplir la tarea de manera más eficiente.

5. Cuestione todo y pida ayuda

Cuestione a los demás y cuestiónese a sí mismo. No tema pedir ayuda. Hay muchas organizaciones e individuos que se dedican a ayudar a personas como usted a llegar a donde quieren. Nunca sienta pena de hacer preguntas: no es señal de ignorancia, sino de su resolución y deseo de automejorarse.

6. Forme y conserve relaciones

Nuestra cultura latina está basada en el valor de las relaciones personales: la familia, los amigos y compañeros. Nos gusta manejar los negocios con gente que conocemos y en quien confiamos, y si bien en nuestra cultura esto es una prioridad, es igualmente cierto que es un fenómeno casi universal.

Gente de todas partes y orígenes reconocen el valor del trato personal y las recompensas que se derivan de estar asociados con el éxito de aquellos que lo han logrado. Así que no dude en establecer relaciones. Tanto si está hablando con alguien en la escuela de sus hijos, solicitando un empleo o buscando información sobre el financiamiento de una casa nueva o un auto: dese a conocer. Pregunte el nombre de la persona con quien habla y anótelo. Desarrolle una afinidad con las personas que trata y forme una lista de contactos en los que pueda depender a través de los años: en el banco, la escuela, la iglesia, en la agencia de seguros o la distribuidora de automóviles. La mayoría de las veces, las personas con las que trata están ahí para servirle y ayudarlo. Haga que deseen ayudarlo; forme una red de recursos y de aliados beneficiosos para usted y su familia. Mantenga el contacto con las personas aun cuando no necesite su ayuda, ya sea a través de una llamada breve para saludarlos o por medio de una tarjeta de Navidad. Nunca se sabe cuándo podrá necesitarlos para alcanzar el siguiente paso en su camino hacia el éxito.

7. Conozca sus derechos y exija que se respeten

Así como hay gente dispuesta a ayudar, también hay gente empeñada en perjudicar. La belleza de los Estados Unidos radica en que es una nación de derechos y una sociedad dispuesta a hacer observar las leyes y proteger la dignidad de sus ciudadanos. ¡Por eso estamos aquí! Así que aprenda cuáles son sus derechos. En cada una de las secciones de este libro repasaremos este importante aspecto. El espíritu bajo el cual fue creada esta nación es el de dar a cada uno de sus ciudadanos igualdad de oportunidades. Pero para que usted pueda defender su derecho de recibir igualdad en el trato, primero necesita:

a) conocer cuáles son sus derechos, y
b) saber adónde recurrir en busca de ayuda para ejercerlos cuando éstos no sean respetados.

En ocasiones, el lenguaje puede ser un obstáculo para entender y ejercer sus derechos. Hablaremos de esto y conoceremos los crecientes recursos disponibles en español para garantizar que los latinos reciban igualdad de trato.

8. Amplíe y explore sus opciones

Muchas veces hay más de un camino hacia sus metas. Mantenga sus opciones abiertas hasta donde sea posible. No cierre ninguna puerta hasta que sea inevitable. Mientras más opciones tenga a su disposición, mejor será su posición. Por ejemplo: supongamos que usted está presentando una solicitud para el puesto de carpintero en una compañía constructora. No presente la solicitud a una sola compañía; preséntela a tantas como pueda. Esto le tomará tiempo y esfuerzo, pero mientras más opciones explore, más probable será que encuentre el tipo de compañía donde su estilo y personalidad encajen mejor. Aún más, una vez que se decida a aceptar una de las ofertas, continúe manteniendo la comunicación con las compañías que no escogió. Envíe una nota de agradecimiento y mantenga el contacto; nunca se sabe cuándo pueda surgir otra oportunidad.

9. Sea flexible y aproveche las oportunidades

Aunque es importante estar enfocado en sus metas, también es importante no cerrarse a las oportunidades fortuitas. A veces éstas contienen un potencial que usted jamás pudo imaginar, y pueden cambiar su curso para bien o acelerar el rumbo hacia sus metas.

Cuando mi esposa y yo iniciamos nuestra compañía, pensamos que sería una firma de consultoría que ayudaría a diversas empresas en sus comunicaciones por escrito. Uno de nuestros primeros clientes nos contrató para escribir el texto de un anuncio para el periódico. Les gustó tanto lo que escribimos que me volvió a llamar y me dijo: «¿Nos podría diseñar el resto del anuncio?». Titubeé por unos instantes, pero inmediatamente después me dejé llevar por mis instintos. Le respondí: «Sí, cómo no; nos haremos cargo de ello inmediatamente».

Jamás habíamos diseñado un anuncio. Ni siquiera habíamos colocado un anuncio en el periódico, pero nos obligamos a aprovechar la oportunidad. El cliente estuvo encantado con nuestro trabajo. Poco después, nuestra compañía había evolucionado: se había convertido en una agencia de publicidad, ¡y contábamos entre nuestros clientes con uno de los mayores bancos de la región! Sin darse cuenta, nuestro cliente nos dio un empujón en la dirección correcta y nos ayudó a encontrar el sitio donde pudimos construir un éxito mayor. La clave fue que fuimos lo suficiente flexibles como para adaptarnos a la oportunidad y aprovecharla.

Así que cuando se le presente una oportunidad, tenga confianza en sí mismo; no tema. Prepárese, busque la ayuda que necesite para hacer el trabajo, y disfrutará de la satisfacción de haber vencido el reto.

10. Viva como si ya hubiese alcanzado su sueño

Una maestra me dijo una vez: «Actúa como si…», a lo que yo le pregunté: «¿Como si?, ¿como si qué?».

«Como si ya lo hubieras alcanzado», me dijo.

Claro, pensé, para ella era fácil decirlo. Tenía un BMW convertible, era propietaria de su propia compañía y vivía en una hermosa residencia con vista a la bahía de San Francisco. Yo, en cambio, era un estudiante universitario, el dinero apenas me alcanzaba y mis zapatos necesitaban nuevas suelas. ¿Cómo podría «actuar como si»?

Ella me aconsejó conducirme con la seguridad que siempre acompaña el éxito; que me asegurara de estar siempre vestido y arreglado como todo un profesional; que caminara y hablara como un triunfador. «El éxito genera éxito —me dijo—. Y si te esfuerzas por comportarte como si ya hubieses alcanzado tus metas, esta misma actitud te empujará a esforzarte en alcanzarlas y te acarreará el apoyo de los que te rodean». Nunca he olvidado el consejo y siempre me reto a esforzarme aún más.

Así que visualice su sueño, su meta. Actúe como si ya la hubiese alcanzado. En la medida que usted crea, los demás creerán también. Y antes de lo que se imagina, el sueño se habrá hecho realidad.

Nunca olvide quién es ni de dónde vino

Parecerá absurdo, pero lo tengo que mencionar. Como latinos, debemos sentirnos orgullosos de nuestra rica herencia. No digo que tenga que ser lo único que nos defina, pero a mi modo de ver es una ventaja y un recurso muy valioso que debemos aprovechar al integrarnos en la sociedad americana. Para muchas generaciones de latinos, la meta era integrarse de la manera más completa en la sociedad anglosajona. Yo me acuerdo de haber oído a los padres de algunos amigos contar que se les castigaba por hablar español en la escuela. Hoy en día, nuestra sociedad abraza cada vez más la cultura latina, al reconocer que es una fibra esencial y emotiva dentro del gran tapiz variado y multicultural que es este país. La habilidad de comunicarse en los dos idiomas, inglés y español, se cotiza a precio muy alto. En el ámbito profesional y educativo, el conocimiento y entendimiento de las culturas latinas tiene una enorme demanda. Así que enorgullézcase de ser quien es y téngalo presente para aprovecharlo en la búsqueda de sus metas. A medida que recoja el fruto de su ardua labor, comparta su éxito con otros dentro de su comunidad para que todos podamos prosperar juntos. Luego disfrute de ser quien es, y de la buena compañía, en el camino hacía el éxito.

Así que esos son mis «Diez pasos para salir adelante». Ahora veamos cómo se pueden aplicar en las áreas de la educación, el desarrollo profesional y en el manejo de las finanzas personales.

LA EDUCACIÓN

3

▼

El sistema de educación americano: cómo sacarle el máximo provecho

La mayoría de los que vivimos en este país estamos aquí, de una u otra manera, como resultado del deseo de alcanzar un mejor nivel de vida tanto en lo social como en lo económico. Ya sea usted, sus padres o sus abuelos, la meta común de todos es cumplir ese sueño.

Para salir adelante y alcanzar el éxito en los EE.UU. se necesita poseer habilidades rentables, esto es, que tengan demanda. Con mucha frecuencia, cuando los inmigrantes llegan a este país, poseen habilidades y conocimientos limitados. A menudo el más preciado recurso de un inmigrante es la aspiración que lo trajo hasta aquí. Ese deseo lo impulsa a trabajar duro y sin parar durante largas horas. Pero también con demasiada frecuencia se necesitan varias generaciones

para lograr el tan anhelado nivel de vida que promete el
«sueño americano».

¿Cuál es la clave para generar el progreso? ¿Cuál es la
mejor manera de adquirir aptitudes rentables e incrementar
su potencial económico? La clave es la educación.

La educación es la mejor inversión que usted puede hacer
en este país: para usted y su familia. Pero requiere paciencia y
una visión de largo alcance. A corto plazo, puede parecer más
productivo poner el 100% de sus energías en el trabajo. Pero
si no desarrolla sus aptitudes a través de la educación, nunca
podrá incrementar su potencial económico.

Lo bueno de la sociedad americana es que si bien la educación es la clave para el progreso, este es un recurso abundante y accesible. A diferencia de la mayoría de latinoamérica,
el sistema de educación pública es, en su mayoría, adecuado y
capaz de preparar a sus hijos para la universidad y para enfrentar el ambiente laboral. Existe un gran número de instituciones públicas y privadas con programas de asistencia financiera
y de becas que hacen posible que la gran mayoría de los candidatos bien preparados puedan asistir a la universidad. Hay
también numerosas opciones que permiten a los inmigrantes
obtener la educación que les permita integrarse en la fuerza
laboral y convertirse en miembros productivos de la sociedad.

Así que para alcanzar su máximo potencial, debe sacarle
el máximo provecho al sistema educativo americano. Lo que
esto significa para usted en lo personal, dependerá de sus propias circunstancias. Este libro ha sido concebido para ayudar a
los inmigrantes y cabezas de familia a progresar, pero también
ha sido diseñado con la intención de ayudarle a garantizar que
sus hijos alcancen también su máximo potencial.

A veces es muy difícil para los latinos provenientes de países que no solamente tienen un idioma diferente, sino también sistemas educativos totalmente diferentes, orientar a sus
familias y preparar a sus hijos para el éxito. Este nivel de dificultad es mayor a medida que el nivel educativo de la persona
es menor.

Por ejemplo, si estudió dos años de secundaria en el

sistema de educación público de México y ahora vive y trabaja en los Estados Unidos, enfrenta un doble reto. Quizás esté trabajando a la vez que estudia inglés para tratar de obtener un empleo mejor remunerado. Al mismo tiempo, está educando a sus hijos. Éstos han nacido en los Estados Unidos y asisten a la escuela pública en este país. Usted desea lo mejor para ellos, pero no sabe qué dirección deben tomar con sus estudios, metas y carreras porque su propio rumbo ha sido diferente.

Mi esperanza con este libro es darle algunos consejos y herramientas que le ayuden en ambos aspectos. Debido a que está dirigido a un grupo muy amplio de personas, en muchos casos tendré que hablar en términos generales y sobre una gran variedad de temas, algunos de los cuales quizá no apliquen en su caso particular. Pero por favor, no se desespere. Recuerde que toda información es valiosa. Quizás alguna no le sea útil de momento, pero le podrá servir dentro de algunos años cuando su familia crezca o cuando algunos parientes o amigos lleguen a este país a reunirse con ustedes.

Cuando me propusieron este proyecto, se me pidió escribir un libro sobre la economía personal dirigido a los latinos, que describiera y explicara los recursos y herramientas financieras disponibles a los consumidores e inversionistas en los Estados Unidos. Mi primera reacción fue que si bien es cierto que nuestra capacidad para generar ingresos y amasar fortuna se ve fuertemente impactada por nuestro entendimiento y utilización del sistema financiero, se fundamenta principalmente en nuestro nivel de educación y en el desarrollo de nuestras carreras. Son estos dos últimos factores los que determinan nuestra capacidad para ganar dinero que luego podremos invertir, ahorrar, etc.

Así pues, es claro que el primer paso en el camino del progreso es la educación, y la clave es sacarle el máximo provecho posible a los recursos disponibles a través del sistema educativo americano. Para esto se necesita la resolución de aprender y arriesgarse, adentrándose en territorio desconocido. No puede permitirse el lujo de dejarse disuadir por el temor al fracaso o a la vergüenza. Muchas veces he conocido a jóvenes latinos bien preparados para estudios superiores, quienes, sin embargo, no presentan su solicitud de ingreso en la universidad por temor a ser rechazados. La vida es como el póquer: el que no apuesta, no gana. Pero también hay que asegurarse de contar con la mejor mano.

Yo sugiero que empiece a aplicar los «diez pasos para salir adelante», en la educación de su familia. Hágalo por usted y por sus hijos.

Empiece implementando el paso 1°: Sueñe en grande. ¿Cuál es su sueño en cuanto a educación se refiere? ¿Le gustaría terminar la secundaria, asistir a la universidad? ¿Le gustaría aprender inglés? ¿Y sus hijos? ¿Qué sueña para ellos? ¿Le gustaría que asistieran a una de las mejores universidades del país?

Sea cual sea su sueño, siga el paso 2°: Haga una lista de sus metas. Guárdelas en un lugar seguro. Vuelva a leerlas a menudo. Y no olvide hacia donde se dirige.

Luego siguen los pasos 3° y 4°: Haga una lista de lo que se necesita para llegar del punto A al punto B. Investigue y averigüe todo lo que necesita saber para lograr sus objetivos. Este libro es un punto de partida, y le indica a dónde se puede dirigir para encontrar mayor información. Con esta información usted podrá planear una estrategia que le lleve paso a paso a alcanzar su sueño. Por ejemplo, si su meta es terminar la secundaria para obtener un empleo mejor, entonces debe trazar cada paso que necesita tomar para llegar hasta ahí. ¿Se debe inscribir en la secundaria? ¿Necesita tomar un examen? Si debe examinarse, entonces debe primero presentar solicitud para el examen, tomar un curso de preparación para el mismo, comprar los libros y el material necesarios, asignar tiempo para el estudio, prepararse con diligencia, haga exámenes de práctica, asista la fecha del examen, ¡y aprobarlo! Cada uno de esos pasos toma preparación. Algunos requieren investigación. Y todos requieren un cierto nivel de dedicación.

A cada paso del camino, recuerde el paso 5°: Cuestione todo y pida ayuda. Hágase preguntas tales como: «¿Estaré

poniéndome una meta que valga la pena?», «¿Me estoy exigiendo lo suficiente?», «¿Estoy saltándome algún paso o me
hace falta alguna herramienta necesaria para alcanzar mi
meta?». Luego pida la ayuda que necesite para alcanzar cada
paso con éxito.

Durante el proceso entero, sea la encarnación viva del
paso 6°: Forme y conserve relaciones. Ya sea su maestro de
inglés o un consejero de secundaria de su hijo, la relación
continua y positiva con las personas de las que depende para
que le ayuden a alcanzar sus metas, es una ventaja de valor
incalculable.

A medida que avance en el camino hacia sus sueños, es
importante que aprenda acerca de sus derechos (paso 7°).
Desdichadamente, muchos aspectos del sistema educativo
americano no fueron diseñados para los latinos. Por lo tanto,
el conocimiento de sus derechos y los derechos de sus hijos es
indispensable para garantizar que todos reciban el nivel de
servicio y el acceso completo a todos los recursos que se
merece. El conocimiento de sus derechos le dará la seguridad
necesaria para exigirlos cuando sea necesario. Esto es funda-
mentalmente importante en una sociedad donde el quedarse
callado equivale a dejar que el mundo se le adelante y lo deje
atrás.

De la misma manera, usted debe tomar la iniciativa de
ampliar y explorar sus opciones (paso 8°). Si va a solicitar
admisión a una universidad, encuentre varias que satisfagan
sus necesidades e intereses y clasifíquelas por niveles de preferencia. Envíe una solicitud a todas ellas, dándose así la oportunidad de seleccionar. De esta manera, tiene la oportunidad
de alcanzar la mejor escuela posible, y al mismo tiempo tiene
un plan de respaldo. Si tiene la suerte de ser aceptado en varias
universidades, puede comparar sus paquetes de ayuda financiera, así como los pro y los contra, y seleccionar aquella que
mejor cumpla con todas sus necesidades.

Paso 9°: A medida que contempla sus opciones, sea flexible en responder a las oportunidades que se presenten. En
ocasiones nos sobrepasamos al enfocarnos en nuestras metas

iniciales. A veces, aun cuando las metas iniciales estén vigentes, puede toparse con interesantes posibilidades en el camino. El cantautor John Lennon dijo una vez: «La vida es lo que sucede mientras estamos ocupados haciendo planes». Debemos estar abiertos a todas las posibilidades para no dejar pasar esas impredecibles ventanas que pueden llevarnos a lugares más grandiosos de lo que pudimos imaginar.

Paso 10º: Viva como si ya hubiese alcanzado su sueño. Véase a sí mismo en la cima de sus sueños de educación. Oblíguese a vivir y actuar como si ya hubiese llegado a su destino. La energía se hará contagiosa. Y en menos de lo que se imagina, habrá llegado.

Mientras tanto, he aquí algunos consejos, herramientas y recursos para llevar en su Caja de Herramientas. Utilice aquellas que puedan aplicarse a sus intereses y necesidades.

4

▼

Los fundamentos del sistema educativo expuestos al novicio

El primer paso para sacarle el máximo provecho al sistema educativo de los Estados Unidos es entenderlo. De antemano me disculpo ante todos aquellos de ustedes que ya lo conocen, pero para aquellos que aún lo desconocen, debo hacer una breve descripción.

En términos generales, la estructura del sistema no es tan diferente a la de la mayoría de los países latinoamericanos, pero como el éxito a menudo radica en los detalles, he aquí en qué consiste:

EDUCACIÓN INFANTIL

A diferencia de la mayoría de los países latinoamericanos, los niños con frecuencia empiezan a asistir a la escuela a los tres años de edad. Asimismo, es muy común en los Estados Unidos inscribir a los niños en guarderías desde la más tierna infancia, pero ya para los tres años de edad los centros educativos infantiles ofrecen programas de aprendizaje y desarrollo. Estos programas son una excelente forma de lograr que los niños desarrollen una gran variedad de aptitudes para el estudio, y aprendan a interactuar y socializar con sus coetáneos. Con este programa oficial de enseñanza, todas estas aptitudes los preparan para el éxito.

A la edad de cinco años, los niños pueden ingresar al jardín de infancia (*kindergarten*), que es el primer grado oficial de enseñanza en la mayoría de los distritos escolares. A partir de ese momento, su niño está en lo que comúnmente se conoce como la escuela primaria, que tradicionalmente abarca de jardín de infancia a sexto año.

En los últimos años, algunos distritos escolares han empezado a agrupar a los alumnos de sexto grado con los de séptimo y octavo en lo que es la siguiente categoría escolar: la escuela media. La escuela media se conoce también como intermedia o como secundaria menor.

Finalmente, la secundaria abarca del noveno al doceavo grados. El promedio de edad a la que la mayoría de los estudiantes terminan la secundaria es a los 18 años. En años recientes, se ha visto una tendencia hacia las secundarias especializadas, o escuelas imanes (*magnet schools*). Muchos distritos, sobre todo en las grandes ciudades, cuentan con escuelas imanes para las ciencias, las artes, matemáticas, etc. Estos tipos de escuelas imanes permiten a los niños que poseen cierto talento o inclinación a desarrollarlos de manera más completa dentro de un ambiente favorecedor con maestros, recursos y actividades especializadas. Además brindan una excelente preparación en carreras muy bien remuneradas a las que tienen especial vocación.

Tradicionalmente, los niños asisten a las escuelas más próximas a su hogar. Pero en algunos distritos escolares, los niños son a veces transportados en autobús hasta otras escuelas más retiradas, con el fin de garantizar un ambiente escolar integrado y diverso. Es también posible, en muchos distritos escolares, que los padres soliciten específicamente que su hijo sea colocado en una escuela diferente a la que le fue asignada. Si hay escuelas imanes en su distrito escolar, probablemente exista un proceso específico de solicitud y admisión para estas escuelas. Todos estos procesos varían de un distrito a otro y es necesario que usted se comunique con su distrito para obtener mayor información.

Esto pone de relieve un punto clave acerca del sistema educativo americano. A diferencia de algunos países latinoamericanos, donde la educación pública es controlada por el gobierno federal y está normalizada en todo el país, en los Estados Unidos la educación es controlada en el ámbito local y estatal.

Esto significa que para que usted pueda realmente entender y aprovechar su sistema educativo al máximo, tiene que involucrarse en la educación de su hijo. Sobre esto hablaré en más detalle en el capítulo seis: La planificación de la educación de sus hijos.

FORMACIÓN PARA ADULTOS

Tanto si usted terminó la secundaria aquí o llegó a los Estados Unidos ya adulto, el rango de opciones educativas para adultos es amplio y variado. Dónde se debe empezar y qué se debe saber dependerá de su nivel actual de educación, de su dominio del idioma inglés, y sus metas a corto y largo plazo.

Hablaré con más detalle sobre las opciones en la educación para adultos y cómo aprovecharlas al máximo en el capítulo 7: Formación académica y profesional para adultos. Mientras tanto, para un entendimiento general del sistema, lea lo siguiente:

Después de la secundaria, el sistema de los Estados Unidos le ofrece opciones similares a las de los países latinoamericanos.

Las escuelas técnicas y comerciales enseñan a los alumnos habilidades específicas que les permiten encontrar empleo en profesiones como: reparación de aire acondicionado, mecánica automotriz, reparación de maquinaria, y varios aspectos de la construcción.

De manera semejante, hay muchos programas de certificación que preparan a personas con habilidades técnicas a obtener reconocimiento por dichas habilidades. Esto es, los participantes obtienen ciertos tipos de licencias que les permiten realizar trabajos que requieren un conocimiento particular, como una licencia para operar ciertos tipos de maquinaria pesada. Estos programas ayudan a los trabajadores a desarrollar habilidades especializadas con valor económico adicional para los patrones y, como consecuencia, son casi siempre mejor remunerados.

Los colegios comunitarios ofrecen programas de dos años y otorgan el título de Asociado (*Associate's Degree*). Estos grados se otorgan en áreas muy diferentes como Ciencias Políticas, Comercio, Enfermería o Bellas Artes. Los colegios comunitarios y los programas de Asociado no son muy costosos y pueden ser una manera asequible de obtener un diploma que incremente su potencial de ingresos. Pueden también ser un puente práctico que le permita más tarde obtener un título de Bachiller (lo que en nuestros países se conoce como Licenciatura). Los colegios comunitarios tienden a ser instituciones públicas dedicadas a servir en el área donde reside o en la ciudad más próxima. Las tasas de matriculación son por lo general de bajo costo para los estudiantes locales, y ofrecen también servicios de asesoramiento en educación y planificación de carreras para ayudarle a planear y ejecutar sus metas educativas a largo plazo.

Los colegios universitarios ofrecen un rango más amplio de títulos. El título de Bachiller es el más común, y con frecuencia es el primer requisito para obtener empleos profesionales bien remunerados. Los títulos de Bachiller (Licenciatura) son generalmente conocidos como B.S., Bachiller en Ciencias o B.A., Bachiller en Arte, dependiendo del tipo de materias a las que sus estudios han estado enfocados. Los títulos de Bachiller se otorgan en general a través de un programa de cuatro a cinco años, dependiendo del número de materias que lleve por año. Además del título, los estudiantes tienen también una carrera que es el área específica en que se concentraron sus estudios. Por ejemplo, cuando yo me gradué de la universidad, recibí el título de Bachiller en Arte, y mi carrera fue Gobierno. Si su carrera es Química, al graduarse recibiría un título de Bachiller en Ciencias de Química. Muchas escuelas permiten al estudiante escoger en adición una carrera menor, una rama secundaria de estudios en la que debe completar cierta cantidad de materias para obtener reconocimiento de haber completado dicha carrera menor.

Hay muchos tipos de colegios y universidades. Debido al enorme número de instituciones de educación superior que existen en los Estados Unidos, es fácil encontrar varias que se especialicen en el área que a usted le interesa. Algunas instituciones gozan de gran prestigio por sus programas de ciencias y matemáticas, como MIT (*Massachussets Institute of Technology* o Instituto Tecnológico de Massachussets) y RIT (*Rochester Institute of Technology* o Instituto Rochester de Tecnología). Otras son reconocidas por sus programas de comercio y economía, como la Universidad de Chicago. Otras gozan de prestigio debido a que se dedican a la enseñanza más que a la investigación, o porque ofrecen un ambiente más íntimo que permite a los estudiantes tener mayor interacción con sus profesores. Asimismo existen colegios universitarios de humanidades que no ofrecen estudios de formación profesional, sino que se enfocan en brindar a sus estudiantes una educación más amplia en las ciencias y las artes. En fin, hay muchas categorías de instituciones, orientadas a diferentes niveles de aprovechamiento académico.

La variedad es tanta que se puede decir que hay un centro académico disponible para todo aquél que haya terminado la secundaria u obtenido un Certificado de Educación General (GED o *General Education Degree*). Desde colegios comunitarios públicos, sin requisitos de admisión aparte de los que acabo de mencionar y el de aprobar un examen estatal normalizado, hasta instituciones públicas y privadas con normas de admisión más estrictas y una sólida reputación en áreas específicas de estudio, hasta universidades de gran prestigio nacional que cuentan con enormes y variados recursos y programas.

Dentro de este asombroso sistema, que de verdad no tiene igual en el mundo entero, las oportunidades abundan. Después del título de Bachiller, se puede obtener el título de Posgrado (*Master's Degree*), Doctorados (*Ph.D.* o *Doctor of Philosophy*), títulos en Medicina (*M.D.* o *Medical Degree*), títulos en Derecho (Doctor en Jurisprudencia o J.D.) y un sinnúmero de títulos técnicos.

En mi opinión, el proceso de aprendizaje jamás debería llegar a su fin. Deberíamos siempre esforzarnos por crecer y mejorar. En este sentido, el sistema educativo de los Estados Unidos es un recurso maravilloso. No hay límite en lo que usted puede explorar, aprender y lograr.

Muchas universidades ahora ofrecen programas diseñados especialmente para adultos que trabajan, que les permiten asistir a la escuela para obtener un título sin dejar de generar ingresos para sus familias.

En algunos colegios, especialmente colegios comunitarios y universidades públicas, los estudiantes pueden empezar a obtener créditos universitarios aun antes de completar los estudios de la escuela secundaria.

EL AÑO ESCOLAR

Tanto si está usted en primaria como en la universidad, una cosa que varía bastante en los Estados Unidos es el tiempo que dura el año académico. Esto es confuso hasta para los que vivimos en este país. Tradicionalmente, el año escolar comenzaba después del Día del Trabajo, que se celebra el primer lunes de septiembre. A partir de esa fecha, el año escolar no terminaba sino hasta después del Día de Conmemoración de los Caídos (*Memorial Day*), que marcaba el inicio de la temporada de verano, a finales de mayo. En los últimos años, el año escolar se ha venido alargando, y las vacaciones son cada vez más cortas. Los calendarios escolares difieren de estado en estado, de distrito escolar a distrito escolar, de universidad a universidad.

Hoy en día, la mayoría de las escuelas para alumnos preuniversitarios dan inicio al año escolar a mediados de agosto y terminan a principios de junio. En muchos distritos escolares, las escuelas experimentan con programas que abarcan todo el año y ofrecen más períodos vacacionales (aunque más cortos) distribuidos a lo largo de todo el año. La mayoría de las escuelas funcionan con dos semestres principales: otoño y primavera. Estos semestres se dividen en trimestres o dos períodos de nueve semanas o tres períodos de seis semanas. Al final de cada período, se otorgan calificaciones. La escuela de verano es, en la mayoría de los casos, un requisito indispensable para los estudiantes que reprueban una materia o materias y quieren pasar al siguiente grado el próximo año escolar.

La mayoría de los colegios universitarios inician su año escolar un poco más tarde, entre finales de agosto y principios de septiembre. Suspenden actividades durante la época navideña (desde poco antes de Navidad hasta mediados de enero), y vuelvan a reanudarlas hasta mediados de mayo o principios de junio. La mayoría de los colegios, a diferencia de las escuelas de nivel preuniversitario, solamente otorgan calificaciones por semestre y la gran mayoría ofrecen también cursos de verano durante los cuales los estudiantes pueden obtener créditos y acelerar su progreso hacia el título.

SISTEMAS DE CALIFICACIÓN

En el renglón de calificaciones existe también una gran variedad. Algunos de los sistemas más populares de calificación para alumnos preuniversitarios utilizan letras (la A es excelente, la B es bueno/satisfactorio, la C es promedio, D significa que está por debajo del promedio, y la F significa que reprobó) y el sistema de 100 puntos. Con frecuencia las letras equivalen a puntos: la A tiene una puntuación entre 90 y 100, la B entre 80 y 89, la C entre 65 y 79, y la F menos de 65. En muchos estados los estudiantes deben tener un promedio de aprobación (70 o más) en todas las materias para poder participar en actividades extra escolares (como deportes, banda, coro, etc.). Muchos colegios universitarios requieren que los candidatos tengan un cierto promedio en sus calificaciones para ser admitidos.

En el ámbito universitario, la mayoría de los colegios utilizan un sistema de calificación de cuatro puntos. Un promedio de 4.0 equivale a una A, un promedio de 3.0 equivale a una B, un promedio de 2.0 equivale a C, etc. Muchos colegios requieren que los estudiantes mantengan un cierto promedio en sus calificaciones para conservar sus becas o ser aceptados en ciertas ramas de estudio.

Exámenes reglamentarios

El sistema educativo utiliza exámenes reglamentarios en todos los niveles. Desde la primera infancia hasta los estudios de postgrado, la mayoría de las escuelas utilizan este sistema para medir la aptitud, habilidad y capacidad de los alumnos.

¿Qué son los exámenes reglamentarios? El examen normalizado es aquél que se administra a todas las personas dentro de una cierta categoría o grupo de manera uniforme y normalizada. La gran mayoría de las preguntas en este tipo de examen están diseñadas con una sola respuesta correcta. Los exámenes son revisados por computadora en la mayoría de los casos. El objetivo es medir la aptitud para la lectura, la capacidad verbal, las habilidades matemáticas, la aptitud para las artes, para las ciencias, la capacidad de pensamiento analítico, lógico, científico, etc.

El sistema de exámenes normalizados ha sido causa de controversia desde hace mucho tiempo. Muchos oponentes de este sistema alegan que este tipo de examen está específicamente diseñado para favorecer al alumno promedio de origen cultural anglosajón. Por otro lado, los que proponen el sistema alegan que es la mejor manera de poner en práctica un examen objetivo que mida a los alumnos de manera imparcial, sin consideraciones subjetivas.

Sea como sea, los exámenes reglamentarios siguen siendo hasta hoy una gran parte del sistema educativo y cultural de los Estados Unidos. A continuación hay una breve descripción de los tipos de exámenes (en orden cronológico) que en algún momento usted o algún miembro de su familia tenga que tomar, para que los vaya conociendo un poco.

Examen vocacional

Los exámenes vocacionales son administrados a partir de la escuela primaria. En general, se administran una vez al año. Estos exámenes miden el nivel de conocimiento del alumno y su aptitud en una serie de materias tales como Matemáticas, Ortografía, Gramática, Lectura, Escritura o Historia. Se reportan las calificaciones que el alumno alcanzó como parte de la evaluación final, pero la forma más común de medir éste es a través del rango en que figuró en comparación con otros alumnos de su mismo grado. Esta clasificación indica el nivel en que se encuentra el alumno dentro de un grupo de competidores. Por ejemplo, si su hijo obtuvo un 99% en el examen, significa que se encuentra dentro del 1% más alto de su grado en esa materia, en el ámbito nacional. Si obtuvo un 75%, esto significa que sobrepasó el 74% del resto de los alumnos, pero se quedó atrás del 25% más adelantado de la clase.

Estos exámenes son una buena manera de identificar aquellas áreas para las que el alumno tiene mayor aptitud. También sirven para identificar aquellas materias en las que los padres y maestros deberán enfocarse para que el niño mejore en los siguientes meses y años. Por ejemplo, si su hijo saca 99% en Matemáticas pero 70% en Lectura, sería recomendable seguir alentando su gusto por las sumas y restas, pero procurar pasar más tiempo leyendo con él.

Examen de inteligencia

Estos exámenes son motivo de controversia debido al potencial que existe de obtener un resultado equivocado. Están diseñados para medir la inteligencia de la persona. Dependiendo del resultado del examen, a la persona se le asigna un número que mide su inteligencia. Las personas que obtienen más allá de un determinado número de puntos se les consideran genios.

Examen de admisión

Muchas escuelas presumen de contar con sus propios exámenes de diseño exclusivo, algunos normalizados y otros no. Algunas escuelas privadas exigen que los niños tomen un examen de admisión, inclusive para jardín de infancia. Con mayor frecuencia, las secundarias privadas exigen que los alumnos tomen un examen de admisión. Esto sucede especialmente con las escuelas que gozan de excelente reputación y atraen más alumnos de los que pueden aceptar. Si usted tiene en mente una escuela en particular a la que desea que su hijo asista en el futuro, le aconsejaría que se ponga en contacto con el departamento de admisión uno o dos años antes de que su hijo vaya a matricularse, para informarse de los procesos o requisitos de admisión, así como de los exámenes que acostumbren ofrecer.

Examen estatal de aptitud

Para poder graduarse de la secundaria y de ciertas universidades (por lo general públicas), con frecuencia se requiere pasar exámenes reglamentarios que exige el estado y administran las escuelas. Estos exámenes miden la aptitud del estudiante en áreas básicas como Matemáticas y Gramática. Han sido diseñados para garantizar que los estudiantes cumplan con ciertos niveles de comprensión y aptitud, evitando que alguien pueda graduarse sin cumplir las normas requeridas. Los exámenes tienen diferentes nombres en diferentes estados. Para mayor información sobre este tipo de requisitos, comuníquese con el consejero de secundaria y los consejeros de admisión en la universidad a la que planea asistir.

Examen de aptitud preacadémica (PSAT)

Los exámenes de aptitud preacadémica (*Pre-Scholastic Aptitude Test* o PSAT por sus siglas en inglés) son una versión menor del SAT (*Scholastic Aptitude Test*) y, en general, se toman en el noveno o décimo grado de la secundaria. Este examen se utiliza para medir y comparar el grado de preparación del alumno para la universidad, así como sus habilidades y aptitudes naturales en dos categorías principales: Lenguaje y Matemáticas. Los alumnos que asisten a escuelas que ofrecen estos exámenes, por lo general gozan de una cierta ventaja al solicitar admisión en colegios y universidades.

Examen de aptitud académica
(*Scholastic Aptitude Test* o SAT)

Este examen es similar al que se describe arriba, ya que igualmente mide la aptitud verbal y matemática de los alumnos. Cada una de las dos secciones se califica en una escala de 800. La calificación máxima es 1600. Los colegios y universidades utilizan este examen como un filtro para seleccionar a los mejores estudiantes. Dependiendo del tipo de escuela y el grado de selección que se utilice en el proceso de admisión, la calificación obtenida en el examen de aptitud académica puede ser de importancia crucial o bien no ser importante. En muchos colegios comunitarios este examen ni siquiera es un requisito. Pero en la mayoría de las universidades estatales y privadas sí lo es. Gran parte de estas escuelas publican una escala de calificaciones de exámenes de aptitud académica que representa el promedio de los alumnos de nuevo ingreso a sus instituciones. Este tipo de información puede ser una guía para los alumnos que desean ingresar a una universidad y deben determinar qué escuelas serán las adecuadas para su nivel de capacidad y aprovechamiento académico. El estudiantado de las instituciones más exclusivas como Harvard, Yale y Stanford, promedian calificaciones de 1300 puntos o más en los exámenes de aptitud académica. Y algunas instituciones estatales utilizan los resultados de estos exámenes como criterio de admisión, aceptando a aquellos que hayan obtenido una calificación alta (generalmente entre 1000 y 1100 puntos), sin necesidad de cumplir con ningún otro requisito adicional.

El examen de aptitud académica es de gran importancia, y por ello muchas escuelas secundarias ofrecen cursos de preparación para el mismo. Si usted o su hijo piensa en ingresar a la universidad, yo le recomiendo que se aseguren de estar muy bien preparados para el examen. Como complemento o en sustitución de los cursos de preparación que ofrecen las secundarias, existen también diversas compañías privadas que ofrecen cursos de preparación; estos cursos no son gratuitos, tienen un costo determinado. Entre ellos, el curso de la academia Kaplan es el más popular en el ámbito nacional, pero hay varias otras academias que utilizan técnicas o enfoques diferentes. Usted puede encontrarlos con sólo buscar en las páginas amarillas de su directorio telefónico. Otra opción es platicar con el consejero de carrera en su escuela o la de su hijo, quien podrá proporcionarle información sobre diversos tipos de cursos. Además, las librerías cuentan con un gran número de libros que incluyen muestras de exámenes de años pasados y técnicas para mejorar las calificaciones.

Además de los libros Kaplan, el periódico universitario Princeton Review contiene un muy buen reportaje que de manera humorística aconseja cómo salir vencedor del temible examen. No importa cuál sea el camino que usted escoja; si desea aumentar sus posibilidades de asistir a la universidad, es indispensable sacar una buena calificación en este examen, y para ello debe prepararse con tiempo. Recuerde que al tomar el examen, usted puede solicitar que sus calificaciones sean enviadas directamente a varias universidades de su elección, por lo que es también importante tener alguna idea de dónde le gustaría estudiar. De este modo, cuando usted presente su solicitud de admisión, estas universidades ya tendrán su calificación y, de hecho, una vez que reciban sus notas, las universidades le enviaran material informativo y solicitudes de admisión directamente a su domicilio.

Examen de TOEFL

El *Test of English as a Foreign Language* o TOEFL es un examen de la aptitud en inglés como segundo idioma. Si usted ha inmigrado a los Estados Unidos recientemente y tiene un buen conocimiento de inglés y un dominio muy superior de su lengua nativa, el TOEFL es una excelente manera de mejorar sus posibilidades de ser admitido en una universidad de categoría. El TOEFL puede servir para demostrar su nivel de capacidad en el idioma inglés, permitiendo a los funcionarios de admisión medir el impacto de esta capacidad en el resultado obtenido en los exámenes de aptitud académica y así poder ajustar los criterios con que se le juzgue.

Examen de ubicación avanzada
(*Advanced Placement Tests* o *AP Tests*)

El examen de Ubicación Anticipada se ofrece en una variedad de materias, entre ellas matemáticas, gramática, español, francés, historia y biología. Este examen se da en general a los estudiantes en el último año de secundaria. Dependiendo de las notas que consiga, con una escala del 1 al 5, puede ser utilizado para alcanzar una ubicación avanzada (es decir, que el estudiante podrá optar por no tomar algunas de las materias requeridas) al entrar a la universidad. Algunas escuelas secundarias que se enfocan en preparar a los estudiantes para la universidad ofrecen una variedad de cursos especialmente diseñados para ayudar a pasar estos exámenes. Para aquellos estudiantes que ya tienen sus planes futuros bien definidos y no desean tomar algunas de las materias que exigen ya sea las leyes del estado o los programas de estudio de las universidades mismas, estos exámenes son una muy buena opción.

En algunas escuelas, el obtener una buena calificación en un número determinado de estos exámenes de ubicación avanzada le puede incluso permitir graduarse de la universidad en tres años en vez de cuatro, con el consiguiente ahorro de tiempo y dinero. Por ejemplo, cuando yo fui admitido en Harvard me di cuenta (demasiado tarde) de que una nota de 4 ó 5 en tres o más de estos exámenes me hubiera colocado al nivel de segundo año, lo que me hubiera permitido graduarme un año antes. Por mi falta de conocimiento de los requisitos y beneficios de estos exámenes, tomé menos de tres de ellos. Aunque por otro lado me alegro de no haberme adelantado demasiado porque cuando estaba en la universidad, no tenía la menor prisa por salir a trabajar al mundo real.

Los exámenes GRE, LSAT, GMAT, MCAT

Estas siglas corresponden a exámenes que los graduados de la universidad deben tomar si desean asistir a programas de posgrado.

El GRE (o Examen General) es un requisito de admisión para una amplia variedad de maestrías y doctorados en las artes y las ciencias. Era un requisito de la Escuela Kennedy de Gobierno en la Universidad de Harvard cuando yo presenté mi solicitud de admisión al programa de Maestría en Administración Pública, y se compone de tres secciones: Lengua, Matemática y Análisis.

El Examen de Admisión para la Escuela de Derecho (*Legal Scholastic Aptitude Test* o LSAT) es un requisito de admisión para la mayoría de las facultades de Derecho, y mide las siguientes áreas: Escritura y Lenguaje.

El GMAT (o Examen de Admisión para Programas de Administración para Graduados) es un requisito de admisión para la mayoría de los cursos de Maestría en Administración, y mide las siguientes áreas: Escritura, Matemáticas y Lenguaje.

El MCAT (o Examen de Admisión para Escuela de Medicina) es un requisito de admisión para las facultades de Medicina y mide las siguientes áreas: Lenguaje, Escritura, Física y Biología.

COMENTARIOS ADICIONALES SOBRE EL SISTEMA EDUCATIVO

El sistema educativo de los Estados Unidos es una enorme y compleja red de numerosos niveles y dimensiones. Es quizás el más importante recurso que este país puede ofrecer. Si usted aprende a sacarle el mayor provecho posible para usted y para sus hijos, le ayudará a alcanzar sus sueños de superación. Sería imposible describir el sistema educativo en detalle; podrían escribirse un sinfín de libros sobre el tema. Sin embargo, esta breve descripción le permitirá lograr un entendimiento básico de su naturaleza y diseño, de su estructura y sus herramientas al alcance. Al explorar sus derechos dentro del sistema y las técnicas que le permitan fomentar el progreso académico de su familia, espero poder brindarle más pistas que le impulsen en su desarrollo.

5

▼

Sus derechos legales al alcance de la mano

El sistema educativo de Estados Unidos fue diseñado para brindar igualdad de oportunidades. Es más, de acuerdo a la Oficina de Educación Bilingüe y Asuntos de Lenguaje de las Minorías (*Office of Bilingual Education and Minority Languages Affairs*), «La misión del Departamento de Educación de los Estados Unidos es garantizar el acceso equitativo a la educación y fomentar la excelencia académica en todo el país».[1]

El gobierno federal forma alianzas con todos los niveles de gobierno, con los maestros, los padres de familia, el sector privado y el público en general para lograr estos fines, pero

---

[1] www.ed.govoffices/OBEMLA/aboutus.html

son en realidad los gobiernos estatales y locales quienes tienen la responsabilidad primaria de brindar educación a los estudiantes de todas las edades.

La Oficina de Educación Bilingüe y Asuntos de Lenguaje de las Minorías ha sido establecida para dar solución a las necesidades especiales de la comunidad latina. El propósito de esta agencia es el de «proporcionar a los estudiantes con escasa capacidad en el idioma inglés acceso equitativo a las oportunidades académicas».[2]

El Congreso de los Estados Unidos aprobó la Ley de Educación Bilingüe en 1968 para garantizar que la población estudiantil del país, compuesta de culturas diversas, tuviese una oportunidad justa de aprender, desarrollarse y convertirse en miembros productivos de la sociedad. De acuerdo al Departamento de Educación:

> En todos los casos en que la ineptitud para el habla y el entendimiento del idioma inglés excluyan a niños de minorías de una efectiva participación en el programa educativo de un distrito escolar, el distrito deberá tomar las medidas necesarias para corregir la deficiencia del idioma y permitir el acceso de estos alumnos al programa educativo.[3]

Lo que esto significa es que el gobierno federal desea garantizar que los estudiantes latinos que ingresan a la escuela hablando principalmente español, tengan una oportunidad justa de aprender inglés y convertirse en alumnos competitivos y exitosos.

Para lograr esta meta, se desarrolló el concepto de educación bilingüe que ayude a los estudiantes latinos a efectuar la transición de español a inglés al mismo tiempo que llevan el mismo paso que el resto de los estudiantes en el resto de las materias.

---

[2] Ibid.

[3] Ibid.

A fin de cuentas, si bien es cierto que sus derechos específicos pueden variar de un estado a otro, dependiendo de su edad y circunstancias, en el ámbito fundamental las leyes del país han sido diseñadas para proporcionar a los latinos el derecho a igualdad de acceso y oportunidades. Para poder obtener un entendimiento más completo de lo que esto implica para usted como individuo o como padre de familia, necesita investigar de manera más profunda las reglas específicas que se apliquen a su situación particular.

Lo más importante que debe tener en cuenta al tratar de entender sus derechos es que debe conocerlos. En muchos de nuestros países de origen los derechos eran secundarios o inexistentes. Pero este país está fundado en el principio de los derechos individuales. Los derechos del individuo son parte integral de la cultura estadounidense y de su fundamento legal que se inicia con la Declaración de Derechos (Bill of Rights).

A diferencia de muchos países latinos al sur de nuestra frontera, donde a nuestros antepasados se les enseñaba que para evitar problemas era mejor quedarse callados, para progresar en los Estados Unidos usted necesita conocer sus derechos y exigir que éstos sean respetados. En la mayoría de los casos, cuando usted defiende sus derechos, encuentra que hay diversas autoridades y personas listas para salir en su defensa y apoyarle para que se le haga justicia. Esta es una diferencia cultural clave que los latinos debemos conocer y utilizar aun a pesar de que es algo que va en contra de nuestra naturaleza.

En la cultura latina en la que yo crecí se nos enseña a obedecer a las autoridades, a ser obedientes y respetuosos, a tener paciencia y a soportar cualquier sufrimiento que el destino nos depare o Dios nos envíe. Estas actitudes tienen algún valor, ya que coinciden con las virtudes de la fe católica que ha dominado nuestra cultura a través de los siglos. Pero ahora que somos parte de este país, es nuestro deber adaptarnos y evolucionar. Esto no infiere que debamos abandonar nuestra fe, pero sí significa deber cambiar la manera en que la practicamos al enfrentarnos con injusticias y sufrimientos. A diferencia de muchas de nuestras sociedades latinoamericanas que desgraciadamente todavía perpetúan la desigualdad, la sociedad americana ha sido más eficaz en la erradicación de estos males. Es precisamente por eso que venimos aquí. De eso se tratan nuestros derechos. Cuando uno llega aquí desde Latinoamérica, pueden no parecer inmediatamente obvios los nuevos beneficios a su alcance, que serían inexistentes en el país de origen. Tal vez aquí tenga la misma cantidad de dinero en el bolsillo o traiga la misma camisa puesta. Tal vez viva en barrios en donde pueda hablar el mismo idioma y conseguir la misma comida. Pero en la práctica hay una gran diferencia. Aquí puede hacer valer sus derechos.

A medida que crecemos y nos esforzamos en progresar, debemos asegurarnos que estos derechos sean respetados. Debemos exigirlo. Y al igual que como ciudadanos o residentes tenemos derechos, también tenemos la responsabilidad de entenderlos para poder aprovechar al máximo el beneficio que pueden tener en nuestras vidas y en las vidas de nuestras familias.

¿QUÉ SIGNIFICA TODO ESTO PARA USTED?

Según se ha escrito anteriormente, es probable que los derechos y beneficios específicos en la educación sean diferentes en cada estado y dependan de sus circunstancias individuales. Pero como la intención de este libro es beneficiar a toda la familia, debemos estudiar los derechos de los niños tanto como los derechos de los adultos. En el «Recursos educativos» al final de este libro he incluido también una lista de todas las agencias estatales de educación a las que usted puede recurrir para obtener información específica de los derechos y recursos con que usted puede contar, dependiendo del lugar en donde vive y asiste a la escuela.

NIÑOS

Nuestra cultura latina está enfocada en la familia. Una característica que nos identifica es el mantener una muy cercana relación familiar a través de las generaciones. Nuestras familias son más grandes que el promedio. Nos preocupamos por el bienestar de nuestros niños y nuestros ancianos. Por eso creo que es de la mayor importancia que la generación actual de padres latinos aprenda la mejor manera de administrar y guiar la educación de sus hijos.

Esta no es una prioridad exclusiva de los padres latinos; es una prioridad en el ámbito nacional. Para el año 2025, los niños de ascendencia latina formarán el 25% del total de la población de edad escolar. En algunos de los estados más grandes, este porcentaje ya ha sido superado. Esta situación es favorable para la comunidad latina porque significa que los intereses de la nación son acordes con las necesidades de nuestros hijos. Indudablemente, esto representará mayores oportunidades para el progreso educativo de los jóvenes latinos.

Uno de los mayores retos que enfrenta nuestra comunidad latina es conocer cómo sacarle el máximo provecho a estas oportunidades. Debido a que miles de padres latinos de familia nunca asistieron a escuelas americanas, es muy difícil para ellos ponerlo en práctica. En esta sección comentaré una variedad de temas referentes a las necesidades educativas de sus hijos. Pero vamos a empezar por el principio: ¿cuáles son los derechos de sus hijos en cuanto a la educación, en particular al inicio de su carrera escolar?

Admisión e inscripción de sus hijos

Dentro de ciertas restricciones que son determinadas por el estado en que vive, usted y sus hijos tienen derecho a la educación pública. Para conocer estas restricciones específicas, necesita comunicarse con la agencia de educación de su estado; en la sección «Recursos educativos» se incluye una lista de estas agencias estatales.

Para darle una idea general de los derechos y reglamentos de admisión e inscripción, quisiera comentar un poco sobre el caso específico del estado de Texas —el estado en que yo vivo— y que cuenta con una de las más grandes poblaciones latinas del país.

De acuerdo con el Departamento de Educación del Estado de Texas: «Toda persona mayor de cinco años de edad y menor de veintiún años de edad el día 1 de Septiembre de cualquier año escolar, tiene derecho a los beneficios del fondo escolar disponible para ese año».[4]

Esto significa que en el estado de Texas, para poder ser admitido en jardín de niños, su hijo debe haber cumplido los cinco años al inicio del mes de Septiembre. Si no los ha cumplido, deberá esperar al año siguiente, aun cuando su cumpleaños caiga justo unos cuantos días después del 1 de Septiembre.

Estos reglamentos también significan que usted tiene derecho a la educación pública (incluyendo la escuela secundaria) solamente hasta que cumpla los veintiún años. Una vez pasada esa edad, ya no podrá ser admitido al sistema de educación pública y su único recurso serán las universidades o colegios privados.

Además de estos reglamentos, la mayoría de los estados cuentan con ciertas reglas para la elegibilidad de inscripción en un distrito escolar específico. En Texas, por ejemplo, el alumno y uno de sus padres deben residir en el área del distrito escolar. Si el estudiante no reside en el distrito escolar, los padres o tutores deben residir en él. Los reglamentos completos pueden obtenerse en la página de Internet de la agencia de educación de su estado, y la lista completa de las agencias la puede localizar en el capítulo «Recursos educativos».

Claro que con los derechos se adquieren responsabilidades. Todos los estados cuentan con ciertos requisitos de inscripción. Por ejemplo, en el estado de Texas los padres y/o tutores deben presentar dentro del período de treinta días a partir de la fecha de inscripción los siguientes documentos: certificado de nacimiento o prueba fehaciente de la identidad

---

[4] Reglamento del Depto. de Educación de Texas, Subtítulo E, Capítulo 25, Subcapítulo A, 25.001. Admisión.

del niño, copia del expediente escolar del niño de su escuela anterior y documentación que atestigüe que el niño ha recibido todas las vacunas requeridas por la ley. (La escuela y/o el distrito escolar le pueden proporcionar una lista de las vacunas que la ley exige).[5] También es necesario probar que reside en el distrito escolar. Esto se puede demostrar por medio de una fotocopia de su contrato de alquiler o de recibos de servicios públicos que lleven impresa su dirección.

La inscripción suele llevarse a cabo durante la primavera o el verano previo al nuevo año escolar. El período de inscripción varía de distrito a distrito. Los padres pueden informarse directamente en la escuela o buscar en los periódicos, que generalmente publican esta información, para empezar los preparativos con tiempo suficiente. Ciertas escuelas privadas tienen listas de espera, por lo que es recomendable comunicarse con el personal de admisión con la mayor anticipación posible. En el caso de mi hija, por ejemplo, yo me comuniqué con la escuela tres años antes de que ella tuviera edad suficiente para inscribirse, porque me enteré de que tenía una lista de espera muy grande. Al comunicarme con ellos, me enteré de que el proceso de admisión para esa escuela ¡comienza un año entero antes de la inscripción! Por suerte, no esperé hasta el último momento. Le sugiero que usted haga lo mismo.

Sin importar los reglamentos específicos de su área, usted tiene el derecho fundamental y establecido por medio de un precedente legal, de inscribir a su hijo en la escuela pública del distrito en que viven, siempre y cuando su hijo cumpla con los requisitos de edad. También tiene el derecho de esperar que su hijo esté a salvo y reciba el apoyo necesario dentro de un ambiente favorable al aprendizaje y al desarrollo. De no ser así, tiene derecho a exigir un nivel superior de servicio para su hijo o el acceso a una escuela diferente.

---

[5] Ibid., 25.002. Requisitos para la Inscripción.

Educación bilingüe

Como ya he mencionado más arriba, la educación bilingüe es un derecho de su hijo. La disponibilidad de educación bilingüe varía también de estado en estado. En California, la controversia sobre la educación bilingüe y su efectividad dieron como resultado un plebiscito público muy reñido que de momento ha cancelado estos programas en ese estado. En el estado de Texas, por otro lado, la educación bilingüe está al alcance de la mayoría. Para conocer más acerca de la educación bilingüe y los derechos y servicios disponibles en su comunidad, comuníquese con el consejero de educación bilingüe de su escuela o distrito escolar.

Programas para hijos de trabajadores migratorios

Otro renglón de gran interés para muchos latinos son los programas especiales para los hijos de los trabajadores agrícolas migratorios. Por muchos años, les era muy difícil a estos niños poder ir a la escuela debido al desplazamiento constante de sus familiares de un estado a otro durante todo el año. En la actualidad, muchos distritos escolares en áreas de importantes poblaciones de trabajadores agrícolas migratorios tienen programas que les permiten a los alumnos continuar con sus estudios y progresar durante todo el año, gracias a que ahora les es permitido asistir a la escuela en cada lugar donde sus padres viajan a trabajar. Usted puede obtener mayor información sobre estos programas en el distrito escolar donde tenga su residencia permanente. Hay también varias páginas en Internet que ofrecen excelente información de los recursos disponibles a los hijos de los trabajadores migratorios. He incluido una lista de estos en la sección de «Recursos Educativos».

Educación especial

A diferencia de la mayoría de los países latinoamericanos, en Estados Unidos las personas discapacitadas cuentan con derechos. Entre estos derechos se incluyen las consideraciones y los recursos que han sido creados para ayudar a los niños discapacitados a recibir la mejor educación pública posible para desarrollar su potencial máximo. Al igual que sucede con los programas regulares, los programas de educación especial varían de estado a estado, pero a diferencia de lo que sucedía en el pasado, cuando muchas familias no tenían otro recurso que internar en sanatorios a los niños discapacitados o dejarlos en casa sin ninguna oportunidad de educación o interacción social, hoy en día la mayoría de las escuelas cuentan con programas de educación especial.

Los programas de educación especial han sido diseñados para permitir que los alumnos discapacitados (desde niños con retraso mental y parálisis cerebral hasta Síndrome de Down y atrofia muscular) aprendan a su propio paso con un maestro entrenado especialmente para enseñarles. Al mismo tiempo, facilitan la interacción entre los estudiantes con necesidades especiales y los demás niños.

Estos derechos y beneficios son exclusivos de los Estados Unidos. Y ciertamente valen la pena aprovecharlos al máximo si usted tiene necesidad de ellos. Yo hablo con conocimiento de causa, porque tengo un hermano que padece de parálisis cerebral.

Durante nuestra infancia en la frontera entre Texas y México, mi hermano Raúl estaba inscrito en un programa de educación especial en el distrito escolar de Brownsville. Ahí aprendió a leer, a escribir y a contar. Tuvo la oportunidad de desarrollar sus habilidades verbales y sociales no únicamente con sus compañeros discapacitados, sino también con los alumnos de la población general y un grupo de maestros bien preparados, atentos y amables.

Durante un tiempo, cuando eramos niños, nuestra familia se mudó a Matamoros, México, para vivir cerca de mis abuelos. Mientras vivimos allá, cruzábamos el puente internacional a diario para asistir a la escuela. Yo asistía a una pequeña escuela católica de monjas mientras que Raúl asistía al programa de educación especial de la escuela pública.

Hicimos esto hasta que nos enteramos de que un nuevo reglamento exigía que los estudiantes y/o sus padres residieran en el distrito escolar para asistir a la escuela. Raúl ya no podría ir más a clase ¡a menos que nos mudáramos de regreso a Brownsville!

Inmediatamente, mis padres rentaron nuestra casa en México y nos mudamos a Brownsville para que Raúl pudiese seguir asistiendo a la escuela; así de enormes eran las ventajas de estar inscrito en la escuela americana. A partir de entonces, nuestra familia se radicó en Brownsville.

Raúl pudo avanzar a través del sistema de educación pública, desarrollando duraderas relaciones con maestros y compañeros cariñosos, chóferes de autobuses escolares y fisioterapeutas. Cuando cumplió veintiún años, tuvo que graduarse, en concordancia a la ley. Fue un día inolvidable el día que con la ayuda de su andador, avanzó hacia el estrado en el Estadio Sams en Brownsville (donde las escuelas públicas de Brownsville celebran sus ceremonias de graduación) y un gran motivo de orgullo para todos verlo vestido de toga y birrete. Cuando mi hermano nació, un neurólogo les dijo a mis padres que jamás podría caminar ni hablar, que su vida transcurriría en un estado vegetativo, y les recomendó colocarlo en una institución estatal para aligerar la carga que su cuidado representaría. Mis padres se negaron a abandonarlo y utilizaron en vez todos los recursos disponibles gracias a su condición de ciudadano americano radicado en la frontera. Raúl es en la actualidad un joven magnífico que goza de muchas amistades.

Siento una enorme gratitud por los derechos y servicios educativos que este país nos ha proporcionado, y le recomiendo a usted que busque los programas de educación especial que su familia necesite. Éste es uno de los aspectos más maravillosos y compasivos de la educación y sociedad americanas. Debe ser utilizado al máximo en beneficio de nuestros hijos discapacitados para permitirles alcanzar su propio sueño americano.

ADULTOS

En términos generales, los adultos tienen los mismos derechos fundamentales con respecto a la educación como en cualquier otro aspecto de la vida en los Estados Unidos. La igualdad de oportunidades y el acceso a aquellas oportunidades, están garantizados.

Para la mayoría de los adultos es ya demasiado tarde para aprovechar el sistema de educación pública, pero hay numerosos recursos y organizaciones que pueden ayudarle a continuar su educación. Tanto si su meta es mejorar sus conocimientos de inglés, o asistir a la universidad o a un colegio técnico, usted tiene el derecho de ser evaluado con objetividad e igualdad en el proceso de admisión al igual que cuando sea estudiante del centro.

La mayoría de los colegios comunitarios y las universidades tienen programas de reclutamiento que fomentan la inscripción de latinos. Además, hay miles de organizaciones dedicadas a ayudar a los latinos adultos a mejorar su inglés, terminar la secundaria, enriquecer sus habilidades personales, obtener títulos de educación general y mejorar los conocimientos fundamentales como la ortografía y las matemáticas, la utilización de computadoras y los preparativos generales para entrar al mercado laboral. En la sección de directorios incluyo también una lista detallada de organizaciones que pueden ayudarle en todos estos aspectos.

Lo más importante es recordar que tiene usted derecho a un trato justo y equitativo. Nunca permita que lo ignoren o que lo pongan a un lado. En ocasiones tal vez tenga que exigir el acceso a los recursos que han sido creados para usted, pero sus esfuerzos se verán recompensados con el éxito.

Hacer valer sus derechos: ¿adónde dirigirse?

Es maravilloso tener derechos, pero ¿adónde puede recurrir cuando siente que estos derechos no están siendo respetados? De nuevo, esto puede variar de estado en estado y de comunidad en comunidad, pero existen también agencias federales y organizaciones nacionales dedicadas a garantizar que todas las minorías reciban igualdad de trato y que nuestros derechos sean sustentados y respetados.

La mayoría de los distritos escolares, colegios y universidades tienen departamentos de ética donde usted puede reportar aquellos casos en que se perciba violación de sus derechos. No tenga temor de reportar estas violaciones. Ésta es casi siempre la mejor manera de resolver un problema y evitar que vuelva a presentarse.

Hay grupos de defensa para los latinos que son de gran ayuda en este aspecto. Desde el Consejo Nacional de la Raza hasta el Fondo Educativo y Liga México-Americana de Defensa Legal (*Mexican American Legal Defense and Education Fund* o MALDEF por sus siglas en inglés), numerosas instituciones no lucrativas se dedican a fomentar y proteger los derechos de los latinos. Muchas de estas organizaciones tienen secciones en diversas comunidades, pero si su comunidad no cuenta con una de ellas, existen oficinas regionales y nacionales a las que se puede dirigir. No tema protestar. Es con mucha frecuencia la única manera de asegurarse de que lo escuchen. Y la libertad de expresión es el derecho más fundamental de cuantos disfrutamos en este país. Es un derecho que los latinos no debemos dar por sentado ni olvidar ejercer, aun cuando nuestra cultura y herencia nos dicte que éste no es el comportamiento correcto. En este país, el derecho a protestar es imprescindible para garantizar que el sueño americano se convierta en realidad.

Diríjase al final del libro para localizar una lista de organizaciones y agencias dedicadas a ayudarle a aprovechar al máximo sus derechos dentro del sistema educativo.

La planificación de la educación de sus hijos

EL VALOR DE LA EDUCACIÓN

Vuelvo y repito: el valor de la educación en las vidas de sus hijos es enorme. Es muy importante que usted haga todo lo que esté a su alcance para fomentar la educación de sus hijos si quiere ofrecerles el máximo potencial de ingresos a largo plazo. No se trata sólo de dinero sino de la oportunidad de ampliar sus horizontes, de desarrollar su potencial humano y de vivir una vida plena y feliz. La educación hace posible todo esto.

En la actualidad, hay motivo de preocupación porque los niños latinos van a la zaga del resto de la población en el ranking de la educación. Hay menos niños latinos inscritos en pre-primaria, y esto les da un nivel más bajo de preparación para la escuela primaria. En el ámbito nacional, los niños latinos sacan calificaciones más bajas que el resto de la población en los exámenes. El porcentaje de alumnos que abandonan la secundaria es mayor entre los latinos, y el conocimiento del uso de computadoras entre éstos es menor que entre sus compañeros anglosajones.

Mientras más educación reciban sus hijos, y mientras más alto sea el nivel de su educación, mejores serán sus oportunidades de empleo, más posibilidades tendrán de avanzar en el plano social, y más fácil será para ellos alcanzar sus metas personales y profesionales.

ESTABLECER METAS

Para garantizar que sus hijos se encaminen a la elección idónea del aprovechamiento educativo, es necesario establecer metas de entrada. Si han nacido y viven en los Estados Unidos, no se justifica que su meta para ellos no sea completar una educación universitaria y obtener una carrera que satisfaga tanto sus necesidades económicas como sus aspiraciones personales, desarrollando sus talentos a plenitud.

Al mismo tiempo, sea realista al establecer metas para su familia y sus hijos. El truco está en encontrar el punto exacto entre el realismo y el idealismo; ante todo, asegúrese de no convertirse en un pesimista y arriesgar las opciones y sueños que son realizables. Por ejemplo, yo tengo un pariente que tiene una hija joven. Ésta ha soñado por años con terminar la secundaria y mudarse a la ciudad de Nueva York para tratar de triunfar como bailarina. Su intención es asistir a la universidad al mismo tiempo que intenta entrar al medio artístico. A pesar de haber trabajado muy duro durante años tomando clases de baile, participando en el grupo de danza de su escuela y logrando prácticamente todas las metas que se había establecido, sus padres la convencieron de aplazar su sueño de irse a Nueva York. Tal vez usted esté pensando que en su lugar haría lo mismo, y no me extrañaría. En nuestra cultura es muy difícil dejar que los hijos se vayan. No nos resulta fácil que se alejen de nosotros para asistir a una universidad o en busca de sus sueños en lugares distantes. Eso es más típico de la cultura anglosajona. Nosotros tenemos una larga tradición de mantener a los hijos a nuestro lado.

¿Cuál fue entonces la propuesta realista de mis amigos, padres de una hija con sueños muy reales, una hija que ha trabajado con esmero para lograr sus sueños y demostrado un enorme potencial de progreso individual? A pesar de que siempre habían apoyado su interés en la danza, al mismo tiempo pensaban que la idea de irse a Nueva York inmediatamente después de la secundaria era demasiado descabellada. En vez de ello, la animaron a que se inscribiera en un colegio comunitario local por uno o dos años antes de pensar en irse a realizar su sueño en la gran ciudad. Este enfoque conservador es definitivamente un acuerdo realista entre los sueños de una hija y las preocupaciones de unos padres. Éstos quieren estar seguros de que ella esté lista para enfrentar los retos de una ciudad cosmopolita. Quieren darle tiempo para la transición hacia una vida independiente y los colegios comunitarios son una gran manera de lograr este tipo de transición. Esta sea tal vez una de las razones por las que son tan conocidos entre los estudiantes latinos.

Está aún por verse si la decisión fue demasiado conservadora, y en último caso resulta que por causa de ella la muchacha se desvía de su sueño original. Tales dilemas son los que cada familia debe enfrentar al establecer metas para la educación de sus hijos.

COMPROMISO DE LOS PADRES

Los estudios han demostrado que mientras más comprometidos estén los padres en la educación de sus hijos, mejor será el desempeño de éstos en la escuela. A lo largo y ancho del país el problema radica en que muchas familias latinas no están lo suficiente comprometidas con la educación de sus hijos. A pesar de que cuentan frecuentemente con una amplia red de apoyo que incluye abuelos, tías y tíos, pocas familias utilizan esta estrecha conexión que les sirve de ayuda en la educación de sus hijos. Es cierto que para muchos padres latinos el sistema educativo resulta intimidante, por lo que es necesario hacer el esfuerzo y comprometerse con la educación de sus hijos.

Busque maestros y personal en la escuela de sus hijos que muestran especial interés en el progreso de los niños latinos. Empiece por aquellos que hablen español con fluidez. Invítelos a que visiten su casa para conversar sobre sus hijos y buscar la forma de ayudarles. Muchas veces una visita familiar es la manera más cómoda y personal de dar inicio a este proceso. Aprenda qué más puede hacer usted para ayudarlos y desarrollar la confianza necesaria para participar en las organizaciones de padres. Pregunte cómo puede contribuir para incorporar a la agenda de las reuniones de la escuela las preocupaciones específicas de los padres latinos.

A fin de cuentas, la más importante interacción será la que usted establezca con sus hijos. Hable con ellos acerca de sus metas. Aplique los consejos de este libro a su carrera estudiantil. Haga lo que sea necesario para ayudarles a determinar lo que necesitan hacer para alcanzar sus metas. Si no se han puesto a pensar en metas todavía, aliéntelos a establecer objetivos ambiciosos que sean un reto para ellos y les impulse a progresar más de lo que su generación pudo hacer. Con sólo mostrarles interés, con sólo guiarlos y empujarlos un poco, usted podrá ayudarlos a dar el salto hacia el siguiente paso.

La lectura es importante

Una de las mejores maneras de comprometerse con la educación de sus hijos es leyéndoles. Este es otro problema muy común entre las familias latinas porque muchos padres no pueden leer en inglés. Otros, por lo general aquellos de un nivel socio-económico muy limitado, no pueden ni siquiera leer en español. Si usted está leyendo este libro, puedo suponer que al menos sabe leer y escribir en español. Este es el requisito fundamental. Aun si usted no domina el inglés, es de gran beneficio que les lea a sus niños en español. Muchos padres en el pasado evitaban que sus hijos aprendiesen Español, ya que pensaban que la única manera de que avanzaran en la sociedad americana era concentrándose exclusivamente en el inglés. Yo estoy en total desacuerdo con esta postura, habiendo crecido en un ambiente totalmente bilingüe y habiendo estado siempre en los primeros rangos de mi clase.

Si usted lee para sus hijos, sin importar el idioma en que lo haga, estará contribuyendo a su educación. A medida que domine mejor el inglés, su hijo podrá incorporar estos conocimientos al inglés. Además, el acto de leer para su hijo es una experiencia muy agradable que le acerca a su hijo y, en un nivel subconsciente, le trasmite el mensaje de que sus conocimientos tienen gran importancia para usted; lo establece a usted como una fuente de conocimiento y educación, y le inculca a su hijo desde una temprana edad, el amor a la lectura en general, en cualquier idioma. Esto es importantísimo porque la lectura es una de las mejores maneras de aprender a lo largo de toda la vida.

La educación bilingüe de sus hijos

Lo anterior trae a colación el debate de los beneficios o perjuicios de la educación bilingüe. En mi opinión, es totalmente positiva. Con mi pequeña hija de tres años estoy haciendo todo lo posible para que aprenda el inglés y el español simultáneamente. No es fácil, ya que los niños desarrollan una preferencia por uno u otro idioma desde muy temprana edad. Sin embargo en esta etapa, el solo hecho de familiarizarlos con las palabras y los sonidos es importante. Es durante estos primeros años que los niños absorben los idiomas con mayor facilidad y aprenden a enunciar los sonidos que después les permiten hablar cualquier idioma sin ningún acento.

Como se ha mencionado anteriormente, a mí me educaron bilingüe. Hasta la edad de cinco años, me comunicaba principalmente en español. En esa época entré al jardín de infancia con un conocimiento muy limitado del inglés. Pero una vez inmerso en un ambiente americano en la escuela, a la vez que seguía escuchando conversaciones en español y programas televisivos en inglés en casa, al final del primer año escolar me sentí muy cómodo con el inglés. Con el correr de los años continué practicando ambos idiomas. Durante la primaria, mi madre me inscribía los veranos en cursos privados de español para que aprendiera a leer y escribir correctamente. En la época en que asistía a esas clases de verano, no me parecía una gran idea, pero ahora le agradezco mucho a mi madre la oportunidad que me brindó de adquirir esos conocimientos. Cuando empecé a asistir a la universidad noté que se me estaba olvidando el español, así que me inscribí en cursos de Literatura Castellana que me exigían hablar, escribir y leer en español. El hecho de ser bilingüe me ha servido bastante en mi carrera. Muchos de los primeros contratos de mi compañía los obtuve gracias a mi habilidad para hablar español. Y aun en la actualidad, sigo beneficiándome de ello; es gracias a mi educación bilingüe que tengo la oportunidad de escribir este libro, que dispongo de un amplio mercado para mi negocio, que puedo cultivar amistades y relaciones con personas de habla hispana, y que puedo disfrutar de la experiencia de compartir con mi hija mi cultura y mi idioma.

Yo le recomiendo hacer todo lo posible por fomentar un ambiente familiar bilingüe para que sus hijos puedan aprender conjuntamente Inglés y Español. A medida que crezcan, podrán apreciar este don tanto en lo personal como en lo profesional. Algún día encontrarán que es precisamente por el hecho de ser bilingües y biculturales lo que los hace más preciados en el ámbito laboral.

PLANIFICAR PARA IR A LA UNIVERSIDAD

Por supuesto que su meta principal para la educación de sus hijos debería ser que —de ser posible— asistan a la universidad y se gradúen. Muchos padres nunca ponen suficiente enfoque en esta meta porque creen que es algo que sólo los ricos pueden permitirse. Este podrá ser el caso en nuestros países de origen, pero aquí en Estados Unidos la universidad es para todos. De hecho, el acceso a la educación superior es una de las claves que brindan la oportunidad de avanzar en este país. En esta tierra es posible dar grandes saltos, tanto en lo social como en lo económico, de una generación a otra, y la universidad es el trampolín que da el impulso necesario.

Ahora bien, puede que su siguiente pregunta sea cómo permitirse el costo de la universidad para sus hijos. Cosa curiosa, una de las maneras en que la mayoría de las familias anglosajonas se aseguran de tener ahorros suficientes para la educación de sus hijos es ¡tener menos hijos! Ciertamente esa es una solución, pero no la única.

Cada colegio y universidad cuenta con programas de becas académicas y deportivas, artísticas y musicales, para sus alumnos. Descubrir los talentos y dones naturales de sus hijos desde una edad temprana y fomentarlos a través de los años puede ser la llave que les permita a través de una beca, obtener la educación superior.

Además de las becas académicas, todos los colegios y universidades cuentan con programas de ayuda financiera, diseñados para hacer posible que los estudiantes de todo nivel económico puedan asistir y obtener una buena educación. Estos programas analizan la situación económica de la familia del estudiante y diseñan un paquete que en general combina becas y donativos, la contribución de los padres, un empleo para el alumno, y préstamos con garantía federal para estudiantes. Estos préstamos federales son patrocinados por el gobierno federal y están gravados con un porcentaje de interés muy bajo para que sean accesibles sin importar cuál sea el historial de crédito de los padres.

Claro que la disponibilidad de estos recursos no significa que no deba usted ahorrar para la educación de sus hijos. Hay una gran variedad de programas específicamente diseñados para ayudarle a ahorrar para la educación. Muchos estados han desarrollado programas especiales de ahorro en este sentido. Por ejemplo, en el estado de Texas existe el "Fondo Texas para el Mañana" (*Texas Tomorrow Fund*). A través de este programa, usted puede ahorrar para los futuros estudios de sus hijos pagando luego a los precios de hoy. Ésta es una enorme ventaja para muchas personas que ven con preocupación el aumento anual del costo de la educación superior. Además, la secretaría de Hacienda (*Internal Revenue Service* o *IRS*) hace posible ahorrar dinero bajo un programa especial denominado Fondo 529. Dentro de este tipo de fondo especial, sus ahorros están libres de impuestos mientras se utilicen exclusivamente para pagar la educación superior.

Para aprender más acerca de los programas especiales de ahorro para la colegiatura que existen en su estado, visite su agencia estatal de educación en Internet o llámelos para solicitar información. Para enterarse de cómo establecer un Fondo 529, platique con un especialista en inversiones en su banco. Estos ahorros por lo normal se invierten de manera segura como, por ejemplo, en fondos de inversión mobiliaria. En la sección «Manejo de las finanzas» hablaré en más detalle sobre estas herramientas de planificación financiera.

Asimismo en «Recursos educativos» podrá encontrar una lista de becas y asistencia financiera disponibles para estudiantes interesados en ingresar a la universidad. ¡Considérelo como el punto de partida en el camino de su hijo hacia la educación superior que le permitirá alcanzar un futuro mejor!

7

▼

Formación académica y profesional para adultos

FILOSOFÍA DE LA EDUCACIÓN

Su nivel educativo puede crearle límites y cerrarle la puerta a oportunidades valiosas. Cuando el nivel de educación es muy bajo, esas puertas cerradas son numerosas y no dejan mucho espacio para el crecimiento y el progreso. Con una excelente educación, los únicos límites con los que lidiar dependerían en gran parte de su propio temor y grado de autoconfianza.

Mi filosofía personal es que siempre debemos seguir creciendo y aprendiendo. Nuestra educación nunca termina. Piénselo: ¿verdad que es posible aprender algo nuevo cada día? Puede ser a través de un libro, un noticiero o documental, una película, una revista, una conversación con un compañero, una discusión con su esposo(a), una tarea de sus hijos, o en un momento de reflexión de sus metas y sueños; aprender es algo que sucede a diario y es parte de nuestra educación constante.

La lectura es un aspecto muy importante de este aprendizaje. El hecho de que usted esté leyendo este libro me hace pensar que usted comparte mi filosofía, aun si no lo había pensado de esta manera. La lectura nos presenta ideas nuevas, nuevas formas de pensar y de ver el mundo en que vivimos y nuestra propia participación en ese mundo.

Mi abuelo solía tener un par de estantes de libros en su recámara. No tenía televisión en esta recámara, sólo una pequeña radio y su colección de libros. Cuando tenía ya cerca de noventa años, pasaba gran parte de su tiempo sentado en su cuarto o en el patio con un libro en la mano, leyendo. La mayor parte de su colección de libros era una vieja enciclopedia. La leía de la A a la Z. Una vez me dijo que su meta era leerla toda antes de morir. A decir verdad, no sé si lo pudo lograr. Mi abuelito tenía 93 años cuando su cuerpo finalmente se rindió, pero yo estoy convencido de que su voluntad de vivir y su mente jamás se rindieron. Leyó hasta que ya no pudo hacerlo porque le faltó la vista. Viajó por todo el mundo a través de esos libros. Enriqueció su mente para su propia satisfacción y deleite, y realmente creo que fue debido a esto que fue un hombre mejor y una persona más completa.

Él me inspiró a ponerme retos y a seguir aprendiendo siempre. «Nunca pienses que ya terminaste con tu educación», me decía. Mi abuelito siempre decía que había sido el primero de su clase, «midiendo desde abajo hacia arriba». No fue la educación de los libros lo que le facilitó el éxito como ganadero y empresario, sino su astucia y las lecciones de la vida. Pero sabía apreciar el valor de la educación, y cuando muchos hubiesen pensado que ya era demasiado tarde para obtener una educación formal, él se lanzó en pos de ella con un enorme apetito. En su juventud, sólo pudo llegar hasta el segundo año de la secundaria, que a principios del siglo XX en el norte de México se consideraba más que suficiente. El trabajo era muy duro. Pasaba jornadas enteras en el campo, levantándose antes del amanecer y trabajando hasta mucho después de que el sol se pusiera. Pero mi abuelito sabía que el desarrollo de la mente era mucho más rentable y al fin más pujante que el esfuerzo de su cuerpo.

Yo le reto a adoptar esta filosofía de autoeducación constante a través de toda la vida. Hágase el propósito de leer un libro nuevo cada dos semanas o cada mes. Inscríbase en un curso que le ayude a enriquecer su vida y mejorar sus aptitudes, ya sea a mejorar su inglés o adquirir una destreza que lo convierta en un mejor empleado o empresario. Nuestra educación realmente nunca termina. A dónde la llevamos o qué hacemos con ella es lo que nos hará sobresalir.

EL INGLÉS COMO SEGUNDO IDIOMA

Primero de todo, para poder lograr el éxito sin barreras en los Estados Unidos necesita tener un dominio del inglés y hablarlo con fluidez. No me cabe la menor duda de que éste es el mayor reto que enfrenta la población latina. Y es lo que más limita el progreso de nuestra comunidad.

Con la facilidad que existe de encontrar trabajo aun cuando no se hable inglés, es muy fácil conformarse con lo que yo considero un estilo de vida marginal. Miles de latinos trabajan muy duro y viven de manera cómoda aunque modesta, sin necesidad de hablar inglés. Este estilo de vida puede ser mucho mejor que lo que pueden conseguir al sur de la frontera, y puede ser suficiente para brindarles a los hijos la oportunidad de obtener una buena educación y la posibilidad de progresar, pero no es el sueño americano.

Sin un buen dominio del inglés, un padre no puede participar de lleno en la educación de sus hijos ni tener una influencia positiva en ese campo. Demasiadas veces he escuchado a niños latinos decirles a sus padres: «Tú no lo aprendiste, ¿verdad?» o «Tú qué sabes, si ni siquiera entiendes inglés. ¡No terminaste ni la secundaria!».

¿Cómo podemos esperar lo mejor de nuestros hijos si no

hemos sabido darles ejemplo? ¿Cómo podemos exigirles que escuchen nuestros consejos y se esfuercen por mejorarse si nosotros mismos no hacemos el esfuerzo?

Justamente es por eso que aprender inglés como segundo idioma es tan importante. Su aplicación bien valdrá la pena, porque le permitirá derribar obstáculos y atraer increíbles oportunidades. Es el primer paso en el camino para realizar nuestro sueño.

Existen más de 7.000 organizaciones en el país dedicadas a ayudar a alumnos y maestros interesados en los programas para aprender inglés como segundo idioma. Existen también muchos programas de educación básica para adultos que ofrecen cursos a bajo costo o totalmente gratis para completar la secundaria y tras las cuales se consigue un certificado de educación general, y cursos de inglés, ortografía, matemáticas, computación y formación profesional. Muchos de estos programas también ofrecen preparación para el examen de ciudadanía.

Sería imposible enumerar todos estos programas, pero hay al menos uno en cada comunidad. Para obtener mayor información sobre los cursos de inglés como segundo idioma, visite o llame a los colegios comunitarios o universidades de su localidad. También es posible que los distritos escolares tengan esta información. En ocasiones, puede localizar este tipo de información hasta en las iglesias.

La clave es utilizar estos programas como un recurso para aprender inglés e incrementar su capacidad. Si usted no ha cursado o terminado la secundaria, también puede utilizar estos cursos como preparación para el Certificado de Educación General.

EL VALOR DEL CERTIFICADO DE EDUCACIÓN GENERAL

El Servicio de Exámenes de Desarrollo en Educación General (*General Educational Development Testing Service*) distribuye y administra los exámenes de Desarrollo en Educación

General. Más de 860.000 adultos en el mundo entero toman estos exámenes cada año. Este examen mide su conocimiento y capacidad académica y los compara con los resultados de los graduados de secundaria en la actualidad. Una vez que usted pasa el examen, obtiene su certificado, el cual es un comprobante de que sus conocimientos y capacidades son de un nivel equivalente al de los alumnos que asistieron a la secundaria.

De acuerdo al Consejo Americano de la Educación, «Más del 95% de los empresarios de los Estados Unidos consideran que las personas que obtuvieron su Certificado de Educación General son tan capaces como los graduados tradicionales y les conceden igualdad de oportunidad en cuanto a empleo, salario y oportunidades de ascenso». [1]

Usted puede tomar los exámenes de educación general en prácticamente cualquier localidad de los Estados Unidos. Además los centros de exámenes con mucha frecuencia le pueden ayudar a encontrar los cursos de preparación que necesite para aprobar el examen.

En el directorio que se incluye al final de este libro podrá encontrar una lista de recursos que le pueden ayudar a prepararse para iniciar este camino de desarrollo y educación.

EL LÍMITE ES EL CIELO

Una vez que cuente con su diploma de secundaria o su Certificado de Educación General, no hay límite en cuanto a sus oportunidades para el desarrollo. La universidad es ahora una verdadera posibilidad. Y la clase de empleos a los que puede aspirar pagan más y le ofrecen mayor oportunidad de ascenso y de aumento del sueldo.

Como ya fue discutido en el capítulo 4 sobre el sistema educativo, hay una gran variedad de oportunidades para obtener un título que le permita crecer y prosperar. El único obstáculo una vez que sea aceptado en la universidad es el que

---

[1] Consejo Americano de la Educación: www.acenet.edu/calec/ged

usted mismo se imponga; el éxito dependerá de su voluntad para avanzar.

Aun si la universidad no es lo que usted desea, una vez que domine el inglés puede escoger entre una gran variedad de cursos vocacionales, técnicos y de certificación que pueden ayudarle a incrementar su capacidad y sus ingresos. Puede informarse sobre este tipo de oportunidades reuniéndose con algún consejero de carrera en el colegio comunitario de su localidad o con los consejeros de organizaciones no lucrativas dedicadas a ayudar a los latinos, grupos como el Consejo Nacional de La Raza (*National Council of La Raza* o NCLR) o el Fondo para la Educación y Defensa Legal de los Mexicano-Americanos (*Mexican American Legal Defense and Education Fund* o MALDEF). El directorio de recursos educativos en la última sección del libro contiene una lista de organizaciones dedicadas al servicio de la comunidad y el progreso colectivo.

Sea fiel a su compromiso con la formación para adultos. Busque la ayuda, apoyo y recursos que necesita. Tanto si está empezando con un curso de inglés como segundo idioma y quiere seguir adelante, como si está empezando por obtener un certificado de educación general, abra la ventana a las oportunidades disponibles en el mundo de la educación superior y el mercado laboral.

8

▼

La computadora: una
herramienta para toda la familia

La computadora es una de las herramientas más eficaces de la educación. Sin embargo, en los últimos años los estudios han demostrado que el porcentaje de familias latinas que poseen una computadora es mucho menor al porcentaje de familias anglosajonas. Son varias las causas, tanto económicas como culturales, de esta tendencia.

El integrar las computadoras en su vida diaria y poner esta herramienta al alcance de sus hijos es de suma importancia. Los beneficios son enormes y sus hijos necesitan de este instrumento para poder competir con sus compañeros. Necesitan la computadora para localizar en Internet la información que requieren para los proyectos escolares, para imprimir sus trabajos y simplemente para familiarizarse con los paquetes de *software* más comunes.

El ser proficiente en el uso de la computadora se está convirtiendo en un requisito indispensable para la mayoría de los empleos bien remunerados. Así que la automejora está ligada en forma directa a la educación y a la utilización de la computadora.

Además de los beneficios académicos, la computadora ayuda a las familias a mantenerse en contacto con los parientes que viven lejos a través del correo electrónico. Es muy útil para realizar investigaciones sobre productos y servicios. Como podrá comprobar al ver el directorio de recursos, la Internet proporciona una abundancia de recursos que pueden ayudarle a aprender cómo enriquecer su educación desde la comodidad de su hogar. Es conveniente, es rápida, y una vez que aprenda a manejarla, es muy fácil de utilizar.

De acuerdo a un estudio reciente realizado entre la población latina, éstos fueron los cambios que se percibieron al «cohabitar con una computadora».[1]

1 Se puede lograr una mejor organización cuando la gente utiliza la computadora para administrar su tiempo, programar sus actividades y almacenar información sin necesidad de utilizar papel.

2 Al utilizar la computadora para hacer trabajos eficientes y organizados, se gana tiempo que puede ser destinado a las actividades familiares; por consiguiente, los valores culturales y familiares se ven beneficiados.

3 Se adquiere un sentido de que la familia no queda rezagada de la sociedad moderna. Muchos latinos sienten que el poseer y utilizar la computadora es la clave del progreso social y profesional.

---

[1] Estudio de Investigación Cheskin, *Los Hispanos compran más computadoras: ¿por qué ahora?* 1998.

4 Los usuarios sienten que son más productivos y que están en contacto con el mundo que les rodea. El cambio que se realiza de pasar el tiempo viendo la televisión a utilizar la computadora se percibe como positivo, ya que ver la televisión es una acción pasiva mientras que el uso de la computadora es interactiva.

Según el mismo estudio, la razón principal de que las familias latinas compren una computadora es para ayudar a los niños en sus actividades escolares. Los niños son los que, con frecuencia, insisten hasta que los padres se ven obligados a comprar una computadora.[2] Tienden a involucrarse en el proceso de la compra por su deseo personal de tener una computadora y por el conocimiento que ya tienen de ésta y de sus componentes.

El porcentaje de familias latinas que poseen una computadora y utilizan el Internet está creciendo a una velocidad impresionante. ¿Su razón? Porque los precios continúan bajando, la computadora se hace cada vez más indispensable y hay una mayor disponibilidad de crédito.[3]

Las causas más frecuentes por las que los latinos se rehúsan a comprar una computadora son el temor a ser víctimas de fraude a través de sus tarjetas de crédito y el temor de que sus hijos se vean expuestos a pornografía y/o a ser víctimas de depredadores que navegan en el Internet.[4]

Yo he podido comprobar todo esto personalmente. Mi esposa y yo tenemos una amiga, Lucy, que trabaja como empleada doméstica. Su esposo es albañil. Tienen cuatro hijos y todos están en la escuela. Con lo que ganan entre los dos, viven modestamente pero bien. Por años, sus hijos han estado insistiendo que compren una computadora. Aseguraban que

---

[2] Ibid.

[3] Ibid.

[4] Ibid.

la necesitaban para la escuela y que todos sus compañeros ya tenían una o ya la iban a comprar. Durante mucho tiempo, el esposo de Lucy se resistió a comprar una, por temor a lo que sus hijos pudieran estar expuestos a través de Internet. Yo le dije a Lucy que existen programas que les permiten filtrar la mayor parte del material negativo, y que la computadora no es más peligrosa que cualquier otra cosa: la clave está en vigilar las actividades de sus hijos. La verdad es que si su hijo está empeñado en encontrar la manera de hacer algo que usted le prohíba, pueden suceder una de dos cosas: o tendrá éxito o fracasará, pero lo importante no es que tenga una computadora o no. Lo importante es la clase de relación que usted tenga con su hijo, la clase de supervisión que ejerza sobre él y los valores que le haya inculcado.

Finalmente, Lucy y su esposo se dieron por vencidos y compraron la computadora. Recientemente le pregunté por la computadora.

¿La están utilizando los niños para la escuela? le pregunté.

Lucy me dijo que se sentía muy defraudada porque parece que los niños la utilizan únicamente para jugar. La computadora, al igual que cualquier otra herramienta, tiene sus pros y sus contras. Es muy importante que los padres sigan guiando a sus hijos en el uso de ella después de que la compren.

Hay una enorme variedad de juegos y paquetes de *software* que pueden ayudarle a usted y a sus hijos a dominar el idioma, la ortografía, la lectura, la escritura, incluso las matemáticas y las ciencias. Y el Internet puede ser un recurso asombroso para la educación si se utiliza adecuadamente. Guíe a su familia a utilizarla de manera adecuada y asegúrese de que le saquen el mayor provecho posible. Tener y utilizar una computadora no es ya únicamente una manera de salir adelante; es indispensable para no quedarse atrás. La computadora no sólo puede ayudarle con su desarrollo profesional y el manejo de sus finanzas, que son los dos temas que cubrimos en las siguientes secciones.

EL DESARROLLO PROFESIONAL

9

▼

El desarrollo profesional: una introducción

Al inicio de la sección anterior, se habló de que la educación es la piedra angular para el progreso en los Estados Unidos; pero la educación por sí sola no es suficiente. Hay muchas personas inteligentes que terminaron la secundaria e inclusive realizaron estudios superiores, y no han logrado salir adelante. Esto puede ser debido a muchas razones diferentes, pero existe un factor que yo le aseguro puede ayudarle a lograr el éxito: el concepto del desarrollo profesional.

El concepto de desarrollo profesional y de hacer carrera debe fomentarse desde temprana edad en su familia. Piénselo bien. Si sus padres le hubiesen explicado a usted estos conceptos desde temprana edad, cuánto mejor dirigidos hubiesen estado sus esfuerzos. Muchos de nuestros padres

—incluso aquellos que contaban con estudios superiores—
desconocían este concepto. Mi padre estudió farmacología.
Después de recibirse, estableció su propia farmacia, pero a
partir de ahí yo creo que no supo cómo desarrollar al máximo
sus habilidades y su empresa. Se sentía limitado dentro de su
trabajo y únicamente veía obstáculos para su desarrollo. Su
espíritu empresarial se frustró. En vez de dirigir esa energía a
desarrollar su negocio y su carrera, se extendió demasiado,
explorando otras ideas a través de las cuales esperaba incrementar sus ingresos. En lugar de lograrlo, gastó grandes cantidades de dinero generado por su farmacia y la mayor parte de
su tiempo en empresas mal planeadas que nunca le dieron los
resultados que esperaba. Quizás si hubiese entendido el concepto del desarrollo profesional, habría visto las oportunidades de ascenso existentes en su propia industria, en vez de ver
solamente los obstáculos. O quizás hubiese podido planear un
cambio estratégico a otra profesión. De cualquier modo, un
poco de planificación y de orientación en metas específicas le
hubiese ayudado a obtener una mayor recompensa tanto en el
aspecto personal como en el financiero. Cuando los esfuerzos
van encaminados hacia una meta establecida, se es más eficiente y más tiempo se gana para la familia, que es la mejor
recompensa.

Yo le sugiero que a medida que usted absorba y ponga en
práctica las siguientes ideas, las comparta con sus hijos. De la
misma forma en que, desde temprana edad, debe alentarlos
hacia la educación superior, debe también explicarles el concepto y el valor del desarrollo profesional.

LA VIGENCIA DEL DESARROLLO PROFESIONAL EN SU VIDA

Para muchos, el concepto en sí puede requerir de una introducción porque no es muy conocido en muchas partes del
mundo. En países donde las posibilidades de salir adelante
son muy limitadas, el concepto de desarrollo profesional sale
sobrando. Pero en un país como Estados Unidos, donde su

capacidad para obtener ingresos es lo que determina en gran medida su posición social, el desarrollo profesional es una idea muy importante y poderosa.

Muchas de las personas con las que yo crecí tanto en la frontera como en el interior de México podría decirse que nacieron con oficio, con un destino predeterminado. Recuerdo claramente a muchos de los vaqueros y jornaleros que conocí en México en compañía de mi padre y mi abuelo. La mayoría de ellos vivían y trabajaban a unos cuantos kilómetros del sitio donde habían nacido, el mismo sitio donde sus padres nacieron, vivieron y fallecieron. Si sus antepasados habían trabajado una parcela, lo más probable era que ellos la trabajaran también al llegar su turno. Las únicas opciones para la mayoría de sus hijos eran las de tomar el camino de sus padres u optar por el camino fácil del narcotráfico para salir de la pobreza. ¡Qué tristes opciones! Inclusive entre las clases acomodadas, (entre la mayoría de las personas que yo conocía), se esperaba que siguieran los pasos de sus padres. Si uno nacía en el seno de una familia propietaria de un negocio, se esperaba que al crecer el hijo se dedicara a ese negocio. Si el padre era pintor, albañil o carpintero, se esperaba que el primogénito también lo fuera. A las mujeres, con contadas excepciones, ni siquiera se les ofrecía la oportunidad de cursar estudios superiores. La norma en práctica era que los hijos vivieran sus vidas de la misma manera que sus antepasados lo habían hecho por incontables generaciones.

De continuar con esa misma actitud aquí en este país, de nada habría servido el haber emigrado. El fomento del desarrollo profesional es el concepto de evolucionar e incrementar las aptitudes de uno con un enfoque hacia una meta concreta. El propósito es seguir creciendo en su profesión e incrementar continuamente tanto su capacidad para generar ingresos como su satisfacción personal. En lugar de quedarse estancado en el mismo trabajo toda su vida, a través de un proceso de desarrollo uno se va capacitando para alcanzar puestos cada vez más especializados, emocionantes, exigentes y mejor remunerados.

A medida que vamos explorando el concepto de desarrollo profesional, no se olvide de seguir los «diez pasos para salir adelante».

Empiece por implementar el primer paso: sueñe en grande. ¿Cuál es su sueño referente a su profesión? Olvídese de lo que está haciendo en la actualidad y piense dónde le gustaría estar dentro de cinco años, o dentro de diez. Si trabaja en un almacén, ¿le gustaría llegar a ser el gerente?, ¿o preferiría dejar el comercio y tener un trabajo de oficina? Si trabaja de albañil, ¿le gustaría ser contratista?, ¿crear su propia empresa?, ¿ser líder de una cuadrilla? Sueñe en grande. Recuerde que en teoría, todo es posible en este país.

Sea cual sea la magnitud de sus sueños, siga el segundo paso: haga una lista de sus metas. Guárdela en un lugar seguro. Consúltela con frecuencia y recuérdese a sí mismo que sus esfuerzos están encaminados a un fin.

Luego siga los pasos 3º y 4º: haga una lista de los pasos que se requieren para llegar del punto A al punto B y oblíguese a aprender y a comprender perfectamente bien lo que necesita para hacer que cada uno de esos pasos se realicen. Por ejemplo: si su meta es dejar de trabajar en un almacén y obtener un puesto profesional en un ambiente de oficina, necesita hacer un mapa que incluya cada paso que se requiere para lograrlo. Primero: ¿cuenta con la educación necesaria para el puesto que anhela?, ¿ya ha obtenido el certificado o título que lo capacite para el puesto? Si la respuesta es afirmativa, su tarea está bien definida. Deberá elaborar un currículum vitae para presentar su solicitud. Deberá prepararse para las entrevistas, y de esto hablaremos más en las siguientes páginas. La idea es pensar en todos los pasos que necesita dar para llegar al siguiente escalón en su carrera profesional. Elabore un mapa a largo plazo y detalle cada uno de sus pasos. En fin, asegúrese de que sus esfuerzos vayan bien encaminados.

A medida que recorre esta ruta, no se olvide del paso 5º: cuestione todo y pida ayuda. Hágase las mismas preguntas que le sugerí al hablar de su educación, tales como: ¿son mis aspiraciones lo suficientemente grandes?, ¿me estoy exigiendo lo suficiente?, ¿no estaré olvidándome de algún paso o herramienta que podría ayudarme a lograr mis metas?, ¿cuento con otras habilidades que pudiera aprovechar?, ¿es mi dominio del español un valor agregado en este nuevo puesto? Y luego pida ayuda para alcanzar cada paso.

Al pedir ayuda tenga presente el consejo del paso 6°: forme y conserve relaciones. Así se trate de antiguos empleados o colaboradores, clientes, etc., las relaciones continuas y positivas son de gran ayuda a medida que usted avanza en su carrera. Con frecuencia pensamos (¡gran error!) que en el futuro no necesitaremos la ayuda o amistad de personas que conocimos o tratamos en el pasado. Yo puedo asegurarle que no es así. Me asombra la frecuencia con que a lo largo de mi carrera he solicitado y obtenido consejo, ayuda, contactos y referencias de personas que conocí y traté en el pasado. En muchas ocasiones he deseado haber mantenido el contacto con ciertas personas que hubieran sido de gran ayuda para mi carrera, y han habido también ocasiones en que mantener el contacto con algunas personas y solicitar su ayuda fue la clave del éxito. Cuando mi esposa y yo iniciamos nuestra empresa, me puse en contacto con dos personas de mi pasado. Una de ellas era una tía que trabajaba en un banco, y la otra era un antiguo cliente que administraba una agencia de viajes. Yo andaba en busca de ideas y contactos y deseaba darles a conocer mi nueva empresa. Aunque no traté de venderles nada, ambos se convirtieron en nuestros clientes. Y fue gracias a las referencias que ellos hicieron el favor de darnos, que nuestra empresa pudo levantarse en los primeros años y tuvimos la oportunidad de adquirir experiencia en las áreas de servicios financieros y turísticos. Como verá, vale la pena mantenerse en contacto. Y no dude en pedir ayuda. A las personas buenas les agrada ayudar a los demás.

Mientras avance por el camino hacia éxito, es indispensable que conozca sus derechos (paso 7°). Igual como les comentaba acerca del sistema educativo, el mundo de los negocios en Estados Unidos no fue diseñado con los latinos en mente. El conocimiento de sus derechos es vital para garantizar que reciba un trato justo. Hay muchas leyes y estatutos que protegen a las minorías de la discriminación, y muchas compañías y organizaciones cuentan con programas que fomentan la contratación de empleados y proveedores de diversas etnias y países de origen.

Conocer estos programas le puede ayudar a alcanzar sus metas con más rapidez y evitar demoras y desviaciones innecesarias. Los programas que se han implementado para dar a los latinos acceso a carreras que en el pasado eran prácticamente inaccesibles a las minorías contrarrestan algunas de las desventajas que tenemos que enfrentar. Para darle un ejemplo: la industria de la publicidad, en la que yo trabajo, fue por mucho tiempo dominada por los americanos de origen anglosajón. Se acostumbraba recurrir a parientes y conocidos que lo recomendaran con una agencia de publicidad para que le dieran la oportunidad de entrar como aprendiz sin sueldo. En la práctica, sin embargo, este método era perjudicial para nosotros porque la mayoría de los latinos ¡no tienen parientes ni conocidos que trabajen o tengan contactos en agencias de publicidad! Y la mayoría de los latinos ¡no pueden darse el lujo de trabajar sin sueldo! Afortunadamente, ahora existen diversos programas que han sido desarrollados específicamente para ayudar a los estudiantes minoritarios a entrar en esta industria, creando oportunidades de aprendizaje para ellos y proporcionando los recursos necesarios para que éstos puedan percibir un salario. Además, ha surgido toda una industria hispana de mercadotecnia que brinda oportunidades a aquellos que disponen de habilidades creativas aparte de un dominio del español. Pero si usted no se entera de la existencia de estos programas, o no sabe siquiera que debería buscarlos, no podrá sacar provecho de ellos.

De igual forma, debe ser agresivo para ampliar y explorar sus opciones (paso 8°). No se conforme con una sola. Si está buscando empleo, entregue su solicitud en varios sitios. Si le interesa más de un tipo de empleo, presente su solicitud simultáneamente a varios de ellos para que pueda comparar los diferentes beneficios y disponibilidades de cada uno, o formule un plan que le permita el contacto con las diversas opciones durante un período de tiempo para que pueda determinar cuál de ellas es la adecuada para usted. Cuando yo estaba en la universidad, tuve la suerte de poder trabajar durante las vacaciones de verano. Mientras que muchos de mis amigos estudiaban todo el año sin interrupción, yo utilizaba los veranos para explorar mis opciones laborales. Un verano trabajé como escritor en un periódico y como ayudante en la oficina de un congresista. Otro verano trabajé en un banco de inversiones en la famosa Wall Street de Nueva York. Durante ese verano me entrevisté con profesionales de diversos giros en el mundo corporativo, desde abogados a corredores de bolsa, de ejecutivos de agencias de publicidad a agentes de fianzas, para conocer más acerca de sus profesiones y averiguar si alguna de ellas sería adecuada para mí. Estas oportunidades me fueron de gran utilidad. La mayoría me sirvió para tachar de mi lista profesiones que anteriormente había considerado, al darme cuenta de que no quería ser un corredor de bolsa, que no quería ser abogado, ¡y que no quería vivir en la ciudad de Nueva York! A veces, seleccionar la profesión más adecuada es más bien un proceso de eliminación. Es mejor saber de entrada que un tipo de trabajo no es para usted, antes de invertir años de su vida en ello. Y mientras más opciones explore, mejor oportunidad tendrá de seleccionar la más adecuada para usted.

Paso 9º: a medida que explora sus opciones, sea flexible y aproveche cualquier oportunidad. Al igual que en el entorno de la educación, a veces puede que nos enfoquemos por completo en nuestras metas iniciales y cerremos los ojos a todo lo demás. Aun cuando nuestras metas iniciales sigan vigentes, podríamos cruzarnos con oportunidades tentadoras en el camino. En el mundo de los negocios, puede ser redituable atender las demandas del mercado, siempre y cuando usted disfrute de su trabajo y avance de manera positiva.

Paso 10º: viva como si ya hubiese logrado su sueño. Continúe visualizándose en la cima de su carrera. Oblíguese a actuar como si ya hubiese realizado su destino. La energía es contagiosa, y antes de lo imaginado, sus aspiraciones se habrán vuelto en realidad.

Mientras tanto, he aquí algunos consejos, instrumentos y recursos para su desarrollo profesional; guárdelos en su caja de herramientas. Utilícelos como le convenga a sus intereses y necesidades, y considérelos como un paso en la carrera de su vida, la cual puede ser cada vez más satisfactoria y remunerativa.

10

▼

Los servicios laborales a su disposición

Hay tres áreas que son claves para garantizar que aproveche usted al máximo las oportunidades para el desarrollo profesional. La primera es conocer sus derechos y asegurarse de que los respeten. La segunda es conocer los programas y oportunidades diseñadas específicamente para ayudar a las personas de su misma posición, antecedentes o habilidades. La tercera es la responsabilidad personal que usted debe ejercer para pedir ayuda.

EJERCER SUS DERECHOS

Sus derechos como trabajador, empleado o empresario son semejantes a los que describí en la sección de la educación.

Usted tiene el derecho a la igualdad de oportunidades. Si usted siente que se le niega la oportunidad a un puesto, a un ascenso, o se le niega un nuevo cliente o un contrato por el hecho de ser latino, entonces tiene fundamento legal para defender y hacer valer sus derechos. Existen cantidades de organizaciones dedicadas a la protección de sus derechos que encontrará enumeradas en «Recursos para el desarrollo profesional».

El fundamento básico es que usted siempre debe tener la oportunidad de competir en igualdad de circunstancias. Sus raíces étnicas, su país de origen y su conocimiento del español no deben nunca ser un obstáculo para su progreso. Al contrario, en la actualidad, este último factor debe ser considerado una gran ventaja y proporcionarle todavía más ventajas dentro de una organización.

TENER ACCESO A LOS SERVICIOS ESPECIALES

Como ya he mencionado antes, con frecuencia hay programas diseñados específicamente para ayudar a los latinos a prosperar en sus carreras. Estos programas son numerosos y existen en casi todos los niveles. Comuníquese con la universidad local. El departamento de servicios profesionales de las facultades podrá asistirle. Además, la biblioteca pública debe contar con una extensa lista de libros y publicaciones sobre el tema; busque en la sección de libros en Español, ya que en los últimos años bibliotecas en toda la nación han empezado a prestar sus servicios a lectores de habla hispana. Busque en Internet información de programas para el desarrollo profesional de los latinos y se sorprenderá de los recursos que encuentra. Sea cual sea su interés, le aseguro que existe una organización o programa hecho a su medida. En el pasado me he beneficiado bastante de estos programas, como el que mencioné para estudiantes recién graduados de secundaria, y puedo dar testimonio de su valor y efectividad.

EN DÓNDE BUSCAR MÁS AYUDA

Además de las clases de asistencia que usted puede recibir a través de programas y organizaciones oficiales, la ayuda personal y los consejos de amigos y mentores son invaluables. Mientras que un programa u organización puede ayudarle de una manera específica por un período determinado, estas relaciones no tienen límites.

Identifique a aquellos a quienes usted admira, ya sea por su éxito económico, por su rápido ascenso, o por la manera en que saben equilibrar sus vidas personales y profesionales. Búsquelos, establezca contacto con ellos. Solicite una entrevista y hable con ellos, hágales preguntas. Si conoce a alguien cuya compañía y orientación realmente aprecia, pídale que se convierta en su mentor.

Un mentor es alguien que comparte sus intereses —y en ocasiones tiene antecedentes semejantes—, alguien que lo tome bajo su protección, brindándole su conocimiento y sabiduría basados en sus propias experiencias. Un mentor es alguien en cuyo consejo usted puede confiar porque sabe que desea lo mejor para usted, y porque ya ha recorrido el mismo camino y logrado el éxito que usted anhela.

Nadie puede alcanzar el éxito por sí solo. Aquellos que lo intentan normalmente no lo logran o se encuentran cada vez más aislados de todos los que los rodean. Busque a aquellos que puedan ayudarle a alcanzar sus metas. Aparte de su familia y de sus amigos más íntimos, estas amistades son las más valiosas. Pueden iluminarle la senda del desarrollo laboral —la cual con frecuencia puede parecerle llena de tinieblas— y ayudarle a alcanzar el equilibrio de una vida plena y feliz.

11

▼

De la idea a la práctica: el desarrollo profesional puesto en marcha

LA APLICACIÓN DEL CONCEPTO A LA GAMA DE PROFESIONES

El concepto del desarrollo profesional puede aplicarse a un sinnúmero de empleos y profesiones. No importa cuál sea su trabajo actual, es muy probable que si se esfuerza por alcanzar una meta determinada, puede estar desempeñando un puesto más remunerativo el año próximo.

Tanto si trabaja en una oficina o en un entorno comercial, si se desempeña como albañil, jardinero o pintor, o si trabaja como empleada doméstica o niñera, usted puede apropiarse de este poderosísimo concepto.

Empiece por analizar su empleo actual. ¿Lo disfruta? ¿Quiere seguir haciendo lo mismo, o emprender algo muy diferente? Y si es así, ¿qué necesita para lograrlo? A medida que conteste estas preguntas, elabore un pequeño mapa personal.

Si labora como cajero en un almacén y decide que le gusta el comercio pero quiere avanzar a un puesto de mayor responsabilidad y mejor remuneración, analice lo que necesita para llegar hasta ahí. Observe el entorno en el que se desempeña. ¿Existen oportunidades de ascenso o necesita trasladarse a otro almacén, donde sí dispongan de más oportunidades? Si donde trabaja es un pequeño almacén familiar, no existen muchas posibilidades para que usted avance. Tal vez debería buscar un empleo similar en una compañía más grande, con mayores puestos de responsabilidad. Una vez colocado en un entorno adecuado, puede conocer a personas que hayan logrado salir adelante en situaciones semejantes y preguntarles cómo lo lograron. Platique con su supervisor y pregúntele cuáles son los criterios y requisitos para ascender a un nivel superior. Con frecuencia los requisitos son muy específicos. Una vez que los conoce, puede elaborar una listita y empezar a trabajar hacia su meta.

Si trabaja como ama de llaves, hágase las mismas preguntas. ¿Es este el empleo para usted? ¿Desearía seguir desempeñándolo, pero de mejor manera, e incrementar sus ingresos? ¿Le gustaría con el tiempo cambiarse a otro campo? Es posible que tenga varias opciones. Entre ellas podría ser, por ejemplo, la de crear su propia empresa de limpieza, tener sus propios empleados y clientes, con mayores responsabilidades e ingresos, o tal vez podría incrementar y mejorar los servicios que ofrece a sus clientes actuales. Por otro lado, si desea cambiar de sector, entonces usted deberá determinar las metas que le permitan efectuar ese cambio.

Mi amiga Lucy, por ejemplo, realiza labores domésticas. Trabaja para dos o tres familias a la vez. Le gusta trabajar de 9:00 de la mañana a 2:00 de la tarde porque este horario le permite dejar a sus hijos en la escuela por la mañana y recogerlos a la hora de salida. Y aunque ha encontrado clientes que se adaptan a su horario, ella anhela otro tipo de empleo, uno donde pueda utilizar sus habilidades culinarias. Le encanta cocinar y sueña con tener su propio restaurante de comida mexicana algún día. Hace poco, Lucy vio que había un local a la venta en su barrio. El local fue anteriormente ocupado por un Burger King. Se emocionó ante la posibilidad de hacer realidad su sueño a unas cuantas cuadras de su casa y llamó para solicitar información. Pero sus esperanzas se desvanecieron cuando se enteró del precio de la propiedad: ¡$750.000! Con sus ingresos actuales, ¡tardaría 40 años para ahorrar esa cantidad! Y eso si no tuviera que pagar impuestos y no gastara en nada, hipótesis que por supuesto es imposible.

¿Debería Lucy abandonar su sueño y debería resignarse a limpiar casas por el resto de su vida? ¿Qué debería hacer? ¿Qué haría usted? Bueno, pues puede haber varias soluciones: y yo definitivamente no creo que su única opción sea permanecer en su empleo actual por el resto de su vida. Lucy deberá cumplir con una gran variedad de requisitos si quiere poner su restaurante. Tendrá que ahorrar una importante suma de dinero. También tendrá que adquirir los conocimientos necesarios para administrar un negocio, obtener licencias, etc., más la consecuencia inevitable al ser propietaria de un restaurante, de tener que trabajar muchas horas. En la actualidad, puede dejar su trabajo a las 2:00 p.m. y llegar a la escuela a recoger a sus hijos a la hora de salida. ¿Podría hacerlo si fuese la propietaria y administradora de un restaurante? Tal vez sí, tal vez no. Depende de sus prioridades. Si ser madre es su primera prioridad y contribuir al sostén de su familia es la segunda, Lucy deberá analizar con gran detenimiento si realmente desea ser la dueña de un negocio tan exigente que requeriría tanto de su tiempo. ¿Cuál es la razón de que quiera un restaurante? ¿Es sólo porque le gusta cocinar y prefiere ganarse la vida de esa manera? ¿No debería primero buscar empleo en un restaurante para obtener experiencia? Pero tal vez eso también le quitaría tiempo para estar con su familia. De hecho, Lucy probablemente valora la independencia que disfruta gracias a los varios clientes que tiene. Tiene la libertad de ir y venir como mejor le parezca y no trabajar en el mismo sitio dos días seguidos. Le gusta sentir que, a pesar de que trabaja para otros, es a fin de cuentas su propia patrona. Ella decide lo que quiere y lo que no quiere hacer. Puede dejar un empleo sin perder la totalidad de sus ingresos, y lo ha hecho en ocasiones cuando algún cliente se ha portado grosero o muy difícil de complacer. Así que quizás debería revaluar su sueño a corto plazo. Tal vez debería enfocarse a tener su restaurante dentro de algunos años, cuando sus hijos sean mayores y no requieran de tanta supervisión. Mientras tanto, quizás debería desarrollar sus habilidades e incrementar sus ingresos haciendo lo que le gusta (cocinar) y de esa manera expander los servicios que ahora presta (la limpieza).

Una posible solución para Lucy sería hacer una encuesta entre sus clientes para ver cuántos de ellos se interesarían en el servicio adicional de preparación de alimentos. Lucy podría preparar menús de comidas para sus clientes, darles un toque especial según las preferencias de cada cliente, y ofrecer ese servicio adicional a un precio adicional. Su horario de trabajo fuera de casa sería el mismo. No perdería su independencia. Y al mismo tiempo podría incrementar sus ingresos ¡haciendo algo que disfruta! Quizás podría ahorrar estos ingresos adicionales por varios años, y así reunir los fondos necesarios para abrir un pequeño restaurante una vez que sus hijos sean mayores. Esto podría convertirse en un plan a largo plazo que añadiría valor a Lucy ante sus clientes, incrementaría sus ingresos a corto plazo, le daría satisfacción y contribuiría a la obtención de sus metas a largo plazo. ¿Qué puede oponerse al camino Lucy? Nada, de no ser su propia imaginación.

Este es el poder del desarrollo profesional. Lo libera para imaginar hasta dónde puede llegar, y al adoptar este enfoque le permite estructurar la ruta. Esto funciona en cualquier profesión, en cualquier línea de empleo que usted quiera explorar.

AL CAMBIAR LA MANERA DE VER SU TRABAJO, CAMBIA LA MANERA EN QUE LOS DEMÁS LO VEN A USTED

En realidad, lo que acabo de describir para Lucy requiere de un cambio drástico en la manera de considerar su trabajo. Si usted se desempeña como empleado para un solo patrón, entonces habría cambiado la manera de ver su trabajo de simple «empleo» a «carrera». Si trabaja de manera más independiente, cambiaría la manera de ver su trabajo de "chamba" a "negocio". Estos cambios en la manera de pensar son muy poderosos: la gente toma un empleo para sobrevivir, para irla pasando, para pagar las cuentas, para vivir; pero la gente hace carrera o crea empresas para crecer y prosperar, para satisfacer necesidades personales y económicas, para crear un legado, para contribuir de manera positiva a la comunidad y para dejar un patrimonio a sus hijos. En un empleo, se trabaja de día a día. En una carrera, o una empresa, se exige a sí mismo a planear, medir el progreso y realizar su potencial en pleno.

En esta sociedad económica tan competitiva, este cambio de actitud es esencial para el éxito. Mientras que en Latinoamérica la mayoría de la gente trabaja en un empleo sin aspiraciones de avanzar, en Estados Unidos la mayoría de la gente trabaja con ese propósito en mente. Las personas y las compañías que le dan empleo o lo contratan valoran el desarrollo económico y lo respetarán más si reconocen en usted esta misma cualidad. Las compañías, clientes y patrones en general valorarán el hecho de que usted sepa diferenciar entre «empleo» y «carrera», entre «chamba» y «negocio». Sabrán que pueden contar con usted a lo largo de todo el trayecto y sabrán que usted tiene la capacidad de crecer acorde a sus necesidades. Efectivamente, habrá mucha gente dispuesta a apoyar sus esfuerzos con su patrocinio, aconsejándole y dando buenos reportes sobre usted mientras responda con la calidad de su trabajo.

Este último punto es muy importante. La calidad de su trabajo tendrá un efecto directo en su capacidad de crecimiento y en la rapidez con que pueda alcanzar sus metas. Ésta es una sociedad en la que la calidad y el mérito son reconocidos y recompensados, y esto impacta de manera muy positiva el progreso hacia sus metas. Así que enfóquese no sólo en establecer planes y metas a largo plazo, sino también en trabajar con excelencia, consistencia y pasión para lograrlos.

CONVERTIR UN EMPLEO EN UNA CARRERA

Convertir su empleo en una carrera es tan sencillo como planear, establecer metas cada vez más ambiciosas y hacer lo que se requiere para lograrlas, una tras otra. Requiere un cambio de valores: el empleo, de ser un fin en sí mismo, se convierte en un paso concreto a lo largo de un extenso camino de crecimiento y realización. Imagínese hasta dónde puede llevarle su trabajo. Visualice una serie de ascensos a lo largo de los próximos diez a veinte años, cada uno más placentero y remunerativo. El compartir estas metas con sus superiores —siempre y cuando estas metas coincidan con las de la empresa, por supuesto— puede ayudarle a progresar. Al estar informado de los requisitos necesarios para acceder al objetivo que se ha fijado le permitirá prepararse con antelación para el próximo escalón.

Enorgullecerse de lo que hace y compartir sus experiencias con otros es otro ingrediente clave para el desarrollo de su carrera. Hágase miembro de organizaciones que agrupen a los que comparten su profesión. Los contactos que establezca serán de un gran valor en el futuro. Y ya que el proceso de aprendizaje nunca termina, las diferentes posiciones de sus colegas pueden también serle de gran ayuda. Cuanto más cimentado esté dentro de su profesión, con la coordinación de una red de aliados y de apoyo, más prosperará su carrera. Cuando surjan oportunidades, sus colegas se acordarán de usted, y antes de lo previsto, se le presentarán múltiples opciones dentro del camino que se ha trazado. Si no existe una organización propia de su profesión, póngase en contacto con algunos colegas para fundarla. Aparte del potencial para generar ingresos, la oportunidad de compartir ideas y experiencias con sus colegas es una experiencia muy enriquecedora. Esta dimensión personal es parte muy importante de una carrera que solamente se logra cuando uno deja de ver únicamente el presente para posar la mirada en el panorama lejano y en él, las metas de largo alcance.

Finalmente, para desarrollar una carrera, usted necesita herramientas y recursos que a continuación describiré en detalle.

CONVERTIR SU CHAMBA EN UNA EMPRESA

Cuando el desarrollo profesional que usted considera involucra convertir un empleo independiente (como la de Lucy) en una empresa con potencial de desarrollo, deberá considerar no solamente lo que ya mencioné arriba, sino también los requisitos para una empresa de éxito en ese campo.

Hay reglas básicas que son aplicables a cualquier cambio. Necesitará un nombre para su empresa, una tarjeta de presentación, un número de teléfono y una dirección. Además, un fax y una dirección de correo electrónico son de gran utilidad, dependiendo del giro que quiere darle a su negocio.

Una vez que decide el nombre que llevará su empresa, deberá ir al juzgado del condado (*county court*) para registrarlo. Este documento le permite conducir actividades comerciales legalmente bajo un nombre comercial específico.

Por ejemplo, si Lucy decidiera seguir mi consejo, formaría una empresa. Si denominara su empresa «Hogar y Cocina de Lucy», tendría que registrar este nombre. Esto evitaría que alguien más formara una empresa del mismo nombre. Después llevaría su registro al banco para abrir una cuenta comercial. Utilizaría ese certificado para diversos fines como pagar impuestos, solicitar un préstamo y obtener ciertos tipos de licencias y permisos.

Convertir su chamba en una empresa tiene muchos

beneficios. Para empezar, le da más categoría y esto puede inmediatamente abrirle las puertas a nuevas oportunidades entre sus amigos y asociados. Además, le será mas fácil organizar y contabilizar sus gastos, y reducir sus impuestos (de esto hablaré con más detalle en la siguiente sección). Finalmente, puede vender sus servicios con mayor facilidad y credibilidad.

Probablemente no exista en el mundo un país donde sea más fácil fundar una empresa que en los Estados Unidos. Mientras que en muchos países de Latinoamérica los requisitos burocráticos y los impuestos honorarios son prohibitivos, en este país es todo lo contrario. Ésta es la tierra de la libre empresa. Habiéndome echado yo el clavado, le exhorto a imitarme. No estará solo. Entre los latinos, ser dueño de una empresa es cada vez más común. De acuerdo a la oficina del Censo, entre 1992 y 1997 el número de empresas propiedad de minorías creció a una tasa cuatro veces más rápida que el número total de empresas. Dentro de los grupos minoritarios, los latinos han demostrado el mayor crecimiento en propiedad de empresas. Tal parece que el espíritu empresarial prospera en nuestra cultura. Y yo creo que los latinos tendemos a apreciar la flexibilidad que nos brinda el ser dueños de una empresa, porque nos permite dar prioridad a nuestras familias y nuestras vidas personales, cosa bastante difícil de lograr en el ambiente corporativo.

Una vez que ha fundado su empresa, debe darla a conocer. Haga una lista de clientes actuales y potenciales, y comuníquese con ellos. Identifique los servicios adicionales que podrían ser de interés a estos clientes. Mande a imprimir tarjetas de presentación; esto es muy sencillo y lo puede hacer a través de una imprenta pequeña o en cualquier Kinko's. Compre un anuncio para su empresa en las páginas amarillas del directorio telefónico. Y luego dele rienda suelta a su creatividad y encuentre diferentes maneras de vender sus productos o servicios. Haga una puesta en común de ideas y sugerencias con su familia, amigos y clientes. ¿Cuál sería la mejor manera de anunciarse?: ¿repartiendo volantes de casa en casa o con una tarjeta de presentación? En general, las recomendaciones son la mejor manera de generar negocio adicional, así que asegúrese de que sus clientes actuales conozcan sus metas y se sientan motivados a ayudarlo a alcanzarlas. Sobre todo, asegúrese de que estén satisfechos de los servicios que usted proporciona. Pregúnteles cómo podría mejorar; no espere a que ellos se lo digan.

Por supuesto, hay muchos libros y recursos que le dan información y consejos sobre la manera de crear su propia empresa; búsquelos en la biblioteca y las librerías. En la sección «Recursos para el Desarrollo Profesional» recomiendo recursos, libros y organizaciones que pueden ayudarle. Se sorprenderá de conocer cuánta ayuda existe para aquellos que la solicitan. Lo principal es no limitarse… prácticamente todo tipo de trabajo puede convertirse en una empresa: un jardinero puede convertirse en propietario de una empresa de jardinería ornamental; una ama de llaves, en empresaria de servicios de mantenimiento; un albañil, en contratista; un escritor o artista gráfico, ¡en presidente de una agencia de publicidad! Con frecuencia ese pequeño cambio de nombre e imagen puede permitirle alcanzar un nivel diferente de clientes y un incremento instantáneo en sus honorarios. Lo sé porque me pasó a mí. Yo solía cobrar doscientos dólares por escribir un anuncio. Pronto me di cuenta de que con una agencia de publicidad podía cobrar dos mil dólares con sólo añadir un poco más de trabajo que no incrementaba casi nada mis costos. No hay límite alguno cuando es el propietario de una empresa. Así que no le tema al éxito. ¡Anímese y prepárese a cosechar los frutos!

FORTALECER HABILIDADES Y UTILIZAR EL EMPAQUE ADECUADO

Tanto si usted trabaja por su cuenta y está pensando en establecer una empresa, como si trabaja para alguien más y quiere hacer carrera, estos son dos conceptos de gran impacto si se ponen en práctica adecuadamente.

Fortalecer habilidades

Hay dos clases de habilidades que usted debe desarrollar para avanzar su carrera. La primera consiste en aquellas habilidades que contribuyen a su capacidad para desempeñar sus labores y satisfacer a sus clientes o superiores. La segunda consiste en aquellas habilidades que necesita para promoverse y promover sus servicios.

En lo que a la primera concierne, usted deberá esforzarse siempre en mejorar la calidad de su trabajo y sus resultados. Solicite con regularidad de sus clientes o superiores sugerencias para mejorar su servicio y desempeño. No deje de buscar maneras de mejorar su competitividad, ya sea a través de cursos o a través de organizaciones dedicadas al desarrollo de sus habilidades, o a través de la compra de mejor equipo y herramientas. Por ejemplo, cuando mi esposa y yo fundamos nuestra empresa, solamente contábamos con una computadora. Ninguno de los dos habíamos jamás diseñado un anuncio o tomado un curso de publicidad. A través de los años estudiamos libros, asistimos a seminarios, leímos todo lo que pudimos acerca de esta profesión, platicamos con nuestros clientes para saber qué es lo que más les interesa, estudiamos casos exitosos, reunimos un equipo formidable y nos hicimos de un impresionante conjunto de herramientas, recursos y socios. Hoy tenemos oficinas en Estados Unidos y en México, numerosos colaboradores con diversas y específicas capacidades, y la última tecnología en cuanto a computadoras y programas. Si no hubiésemos estado comprometidos en mejorar nuestras habilidades, estaríamos hoy en el mismo sitio que cuando empezamos, generando los mismos ingresos. En vez de ello, nuestra empresa ha crecido un 600% en seis años. A medida que uno desarrolla sus habilidades, puede cobrar honorarios más altos por una variedad de servicios cada vez más amplia. Es un concepto sencillo pero hace que usted sea más valioso.

En casi toda carrera existen recursos para fortalecer las calificaciones de uno y mejorar el desempeño. Lo más aconsejable es que visite la biblioteca de su localidad, de alguna universidad, o navegue la Internet en busca de información pertinente y específica. Esto es sencillamente sentido común, y si usted se toma el tiempo de hacer una lista de lo que puede hacer para fortalecer sus aptitudes y habilidades, ya verá cómo se le ocurren muchísimos puntos que anotar en aquella lista en muy poco tiempo. Por ejemplo, en el caso de Lucy, si ésta se decidiera a establecer la empresa "Hogar y Cocina de Lucy", tal vez debería tomar algunas clases de cocina. Claro que ella es una gran cocinera cuando se trata de cocina mexicana, pero quizás sus clientes deseen variedad en su dieta: algunos platos dietéticos, algo de cocina italiana, algunas salsas francesas. Ya me entiende. De pronto, después de unas cuantas clases de cocina y con un par de nuevos recetarios en su alacena, la cocina de Lucy sería mucho más comerciable a los clientes en prospecto. Podría expandir su menú, y sus clientes actuales podrían encargarle más platos preparados. Y si la calidad de su cocina mejora, sus honorarios podrían ser más altos. De pronto, Lucy estaría ahorrando mucho más dinero y reduciría el tiempo que necesita para realizar su sueño de tener su propio restaurante. Y también estaría mucho mejor preparada para lanzar su negocio.

Con respecto a la segunda clase de destrezas: si usted no sabe promover o vender sus servicios, nunca alcanzará el éxito; esto es triste pero cierto. Yo conozco cantidad de personas con talento y capacidad que consistentemente se subestiman. Usted debe fortalecer estas cualidades para beneficiarse a fondo de sus otras destrezas.

Si es usted un empleado que está haciendo carrera, debe fortalecer sus habilidades para saber comportarse en una entrevista. Existen cursos especiales para desarrollar y pulir este tacto particular en centros de trabajo y en los departamentos especializados de las escuelas de educación superior. Por lo general, en estas clases primero le enseñan y luego le filman durante entrevistas simuladas para después ayudarle a mejorar su desempeño. En una entrevista de empleo debe actuar de manera profesional, demostrar confianza y seguridad en sus calificaciones, y expresarse con claridad y precisión: en fin, debe pintar una imagen atractiva y tranquila de sí mismo, ni muy formal ni muy informal. Debe sostener el contacto visual y contestar a las preguntas con sinceridad pero tacto. Evite hábitos nerviosos como juguetear con su cabello, morderse las uñas o golpear la mesa con un lápiz. Finalmente, sea consciente de vestirse con juicio, de manera profesional y adecuada para el puesto que solicita.

Como empresario, usted debe comportarse de la misma manera cada vez que trata de promover o vender sus servicios. Sea cortés y profesional. Por supuesto que tratará de venderle al cliente potencial las ventajas de sus servicios, pero debe evitar ser demasiado agresivo, y sobre todo ser convincente al explicar los beneficios que el cliente obtendrá contratando sus servicios. Deles tiempo para considerar su oferta, pero no dude en darle seguimiento. Si no logra una venta inmediata, desarrolle un sistema para contactar nuevamente al posible cliente después de un tiempo razonable, quizás cada uno o dos meses; o pregunte al prospecto cuándo sería conveniente hacerle otra visita para saber si sus necesidades han cambiado.

Es esencial para cualquier trayectoria poner a su disposición un juego de herramientas y recursos. A continuación sugiero un par de artículos indispensables en su caja de herramientas.

Cómo elaborar su currículum vitae

Un currículum es esencial tanto para buscar empleo como para hacer carrera. El currículum es una descripción y un resumen básico de las aptitudes y experiencias que hacen de usted un buen candidato para el puesto.

Típicamente, un currículum incluye la siguiente información:

1 Su nombre, dirección y teléfono
2 Sus estudios
3 Su experiencia profesional

4 Sus aptitudes y habilidades más importantes, como por ejemplo los idiomas que domina, certificados y premios que ha obtenido, sus conocimientos de computación y las asociaciones u organizaciones a que pertenece

5 Información de tipo personal como deportes que practica, pasatiempos y actividades creativas

Hay varios tipos de formatos para un currículum. En «Recursos para el desarrollo profesional» al final del libro se muestran algunos de ellos.

Una vez que ordene su información en una hoja de papel, puede identificar claramente cuáles son sus fortalezas y sus debilidades, y enfocarse a mejorar el contenido de su currículum. Mientras más sólido sea, mayores probabilidades tendrá de obtener mejores puestos en el futuro. Por eso es muy importante que formule su currículum basado en unas metas a largo plazo. Éste es un fundamento esencial y una herramienta para su carrera, e irá evolucionando y creciendo a medida que vaya usted alcanzando sus propósitos.

Cuando reflexione en sus metas profesionales futuras, es importante determinar lo que debe incluir en su currículum para optimizar sus probabilidades de ser considerado un buen candidato para ciertos puestos, y luego deberá involucrarse en completar esas tareas y a obtener la experiencia necesaria.

Con frecuencia un currículum sólido se logra con sacrificios. Voy a compartir con ustedes una experiencia personal. Con frecuencia durante la época en que asistía a la universidad, aceptaba empleos que pagaban menos, o sacrificaba el tiempo de compartir con mi familia o amigos para aprovechar oportunidades que incrementaran mi currículum. El verano después de graduarme de la secundaria, había planeado disfrutar de un tiempo con mi familia y amigos en Texas antes de partir hacia la costa este y asistir a la universidad. Incluso tenía programado un viaje muy emocionante con la banda de la escuela; íbamos a ir a Disney World en Florida a participar en una competencia. Unos cuantos días después de graduarme, recibí la llamada de un amigo de San Antonio. Me comunicaba que había surgido una oportunidad muy buena: podría presentar una solicitud para prestar servicio en la ciudad de Washington, D.C. a través del Comité Hispano del Congreso, y había obtenido para mí toda la información pertinente. Solamente contaba con un par de días para presentar la solicitud, pero me apuré a hacerlo porque pensé que ese servicio luciría muy bien en mi currículum. Cuando me aceptaron en el programa, tuve que enfrentar una decisión muy difícil. Sabía de antemano que no sería fácil dejar mi hogar para ir a la universidad, pero contaba con que aún me quedaban tres meses antes de partir. Además, si optaba por irme a Washington, me perdería el viaje a Florida con la banda. Aunque no fue fácil, al final me decidí por la opción que tendría el mayor impacto en mis metas de desarrollo profesional. Ese verano aprendí mucho acerca de los mecanismos de la política, el funcionamiento del gobierno, y de lo que se necesita para tener éxito en un ambiente laboral de mucha presión. Fue sin duda una gran experiencia. El hecho de que mi currículum incluyera esta impresionante anotación me ayudó a obtener después más y mejores oportunidades de empleo. Pero, a cambio de ello, me perdí el verano. Perdí la oportunidad de jugar con mi hermanito de ocho años, perdí la oportunidad de disfrutar de las largas tardes de verano en la playa con mis amigos de la preparatoria, y ya no volveré a tener la oportunidad de sentarme a la mesa a cenar con mi abuelita. Esos días y esas oportunidades ya pasaron, y lo que obtuve a cambio fue un corto enunciado en mi currículum. ¿Valió la pena? Probablemente nunca lo sabré. Pero aun ahora, cuando escribo estas líneas, me doy cuenta de que si tuviera que enfrentar las mismas opciones, mi decisión sería la misma. A veces es precisamente esta actitud la que separa a los vencedores de los que se quedan por el camino. Todo en la vida tiene un precio, y el éxito no es ninguna excepción.

Lo anterior no va con intención de desanimarlos, sino únicamente de recordarles que el equilibrio de su vida es lo más importante. Cuando era más joven, sacrificaba mi vida personal con mucha facilidad. A medida que he madurado, he equilibrado los integrantes en mi vida de una manera más cuidadosa, fundando una empresa en la cual mi esposa y yo podamos colaborar. Esta empresa nos permite pasar mucho tiempo con nuestra hija. También he dejado pasar oportunidades muy lucrativas por pasar más tiempo con mi familia. Así que no se olvide del equilibrio cuando esté creando su currículum. Ciertamente yo no le recomendaría dejar lo más por lo menos; es decir, que hay cosas mucho más importantes que un sólido currículum. Ya existen demasiadas familias destrozadas y vidas vacías en este mundo en que vivimos debido a su obsesión con el éxito. Hay muchas maneras de formar un currículum impresionante, y algunas requieren un precio personal más alto que otras.

Independientemente de su contenido y alcance, el currículum es una herramienta importantísima en su desarrollo profesional. Por supuesto, no se trata únicamente de una hoja de papel. El currículum es un resumen de sus experiencias, aprendizaje y esfuerzos. Aún recuerdo que mis amigos y yo, después de concluir con éxito algún proyecto o alcanzar algún premio, siempre hacíamos el comentario: «Esto va a lucir fenomenal en mi currículum».

Hay libros enteros dedicados a enseñarle cómo preparar su currículum, y en Internet puede también encontrar bastante información sobre el tema. La mayoría de los paquetes de *software* cuentan con formatos para elaborar un currículum profesional; así que asegúrese de tener esta herramienta a su disposición. Igualmente, tenga presente las consecuencias de sus decisiones: juzgue con cuidado su inversión personal y procure obtener el mayor impacto positivo en su carrera con un mínimo sacrificio personal.

Material de mercadotecnia

Si está usted formando una empresa, el currículum no es tan importante como el material de mercadotecnia que utilice. Este material puede ser un sencillo folleto o volanta o una carpeta que contenga varias hojas con material informativo. La idea es comunicarle a la gente, en un formato impreso y profesional, las razones por las cuales les conviene contratar sus servicios. Usted deberá incluir sus aptitudes y logros. Aclare qué es lo que distingue su empresa de sus competidores. Algunas veces es conveniente incluir una lista de sus clientes existentes, en particular si éstos son compañías u organizaciones muy reconocidas. En adición al material gráfico, tener una página web es una herramienta muy poderosa de mercadotecnia.

En nuestro caso, cuando mi esposa y yo fundamos nuestra empresa, escribimos una descripción sencilla de tres páginas. En ella incluimos aquellas características que pensamos nos separaban del resto, detallamos los servicios que ofrecíamos y nuestros antecedentes educativos y profesionales. A través de los años, la descripción ha crecido y evolucionado a medida que nuestra capacidad y recursos se han incrementado. En la actualidad, nuestro material incluye un extenso folleto complementado con dos páginas web y un vídeo que incluye muestras de nuestro trabajo. De igual manera, a medida que incrementa sus habilidades, se incrementa su currículum, y a medida que incrementa los servicios de su empresa, incrementa su material de mercadotecnia, y en el proceso amplía la extensión de su audiencia e incrementa el potencial comercial de su empresa.

Desmitificación de la
búsqueda de empleo

Una parte muy importante del desarrollo profesional es la búsqueda de empleo. Un buen empleo le ayuda a alcanzar otro, y ese progreso puede suceder dentro de una misma compañía a través de ascensos, o al trasladarse de una empresa a otra. Por supuesto, si usted trabaja por su cuenta, el reto es diferente. Primero discutiremos el proceso para aquellos que son empleados y luego lo veremos para aquellos que son empresarios.

POR DÓNDE EMPEZAR

Todo se inicia con el deseo de encontrar un nuevo empleo, de progresar, de encontrar algo más interesante y remunerativo. Para empezar, tiene que acostumbrarse al estilo americano de buscar trabajo. Claro que puede buscar en los anuncios clasificados de los periódicos, pero en la actualidad la mejor fuente a su alcance es Internet. Existen innumerables páginas Web que le permiten buscar empleo a lo largo y ancho del país dentro de un sector específico. Hay también unas cuantas páginas diseñadas específicamente para ayudar a los latinos a encontrar mejores empleos. Éstas se enumeran en la sección de recursos. Muchos empresarios, en particular organizaciones grandes como hospitales, bancos y agencias gubernamentales, publican sus puestos vacantes en sus páginas de Internet y le permiten presentar su solicitud vía correo electrónico. Así que no menosprecie el poder de Internet a la hora de empezar la búsqueda; al contrario, sería el primer sitio adonde yo iría.

SEA UN DEMANDANTE PREVISOR

Es muy importante tomar la iniciativa en la búsqueda de empleo. Si se queda sentado esperando que la oportunidad perfecta le caiga del cielo, apuesto que dentro de dos años estará usted exactamente en el mismo sitio que hoy. Sea previsor. Aun si está satisfecho con su empleo actual, debería estar mirando hacia delante, actualizando sus metas, formulando su plan, calculando su siguiente paso. ¿Piensa seguir dentro de la misma empresa en la que actualmente trabaja? De ser así, ¿cuál será el siguiente puesto? ¿Qué necesita hacer para conseguir ese ascenso? Si prefiere cambiarse a otra empresa, debe estar atento a las oportunidades que puedan presentarse. Si tiene una idea de las empresas en las que le interesaría trabajar, no dude en ponerse en contacto con ellas y enviarles su currículum, aun cuando de momento no tengan vacantes. Me asombra la cantidad de currículums vitae que recibo por correo electrónico a través de nuestra página Web; casi todos los días recibo al menos uno. Precisamente hemos contratado a algunos de los mejores miembros de nuestro equipo cuando no estábamos buscando personal. Simplemente estos demandantes tomaron la iniciativa, se comunicaron con nosotros y nos impresionaron tanto con su capacidad y seguimiento ¡que tuvimos que crear el presupuesto para contratarlos!

Así que, para ser un solicitante previsor, tenga presente los siguientes factores:

1 Identifique aquellas empresas con las que le gustaría trabajar.

2 Identifique el nombre, título y dirección de la persona responsable de contratar empleados para el puesto que le interesa.

3 Envíele su currículum acompañado de una carta de presentación que indique su interés y describa sus aptitudes.

4 Déle seguimiento con otro correo electrónico, carta o llamada telefónica agradeciéndole la atención prestada a su solicitud y recordándole de su continuo interés en el puesto.

5 Si no recibe respuesta en dos semanas, intente de nuevo.

6 Si aún no recibe respuesta, encuentre una manera discreta de mantener el contacto a largo plazo: una amistosa notita por aquí, una tarjeta por allá. En fin, algún mensaje atento, pero nada que le haga parecer impertinente o desesperado. Limítese a recordarle quién es usted y lo que desea lograr. Dígale por qué desea integrarse a su equipo: qué es lo que más admira de su empresa.

7 En su correspondencia, trate de obtener una entrevista.

Una vez que logra conocer a esta persona, tendrá un cimiento sobre el que desarrollar una relación profesional. Aun si no logra conseguir el empleo, puede seguir los «Diez pasos para salir adelante» y conservar la relación. Quizás en el futuro pueda rendir fruto. Por eso es que el concepto de «dar seguimiento» es tan importante. Una de mis mejores colaboradoras utilizó esta táctica para ser contratada. Se comunicó con nosotros de buenas a primeras. Fue persistente sin llegar a ser inoportuna. Se las arregló para que le concediéramos una entrevista y no pudimos resistir contratarla. Y ha sido un verdadero hallazgo para nuestra empresa. Así que siga su ejemplo y sea firme.

TRABAJO A DESTAJO *(FREELANCE)* VS. EMPLEO FIJO

Cuando ande en busca de un nuevo empleo o puesto, recuerde la diferencia entre trabajo independiente, es decir, a destajo, y un empleo permanente. Ambos tienen sus aspectos positivos y negativos. Por lo general, las personas que trabajan a destajo tienen mayor flexibilidad, pueden trabajar para varios clientes a la vez y no se preocupan por que les retengan impuestos de sus honorarios. Por otro lado, los empleados permanentes (es decir, a jornal) tienen la ventaja de que normalmente disfrutan de seguro médico, mientras que las personas que trabajan a destajo no la tienen. A los empleados sí se les retienen los impuestos de su sueldo, pero en general pagan menos impuestos al final del año y tienen derecho a un reembolso.

A muchos empresarios les conviene tener trabajadores a destajo porque la empresa generalmente paga más impuestos, beneficios y seguro por los empleados de puesto fijo, que por los otros. Dependiendo de la cantidad total de horas que trabaje para una misma empresa, la regularidad de su horario, el sitio en donde trabaja (sea desde su hogar o en la sede de la empresa), etc., el Ministerio de Hacienda puede dictaminar que cierta persona en cuestión es en realidad un empleado fijo. Si éste fuera el caso, se podría determinar que fue clasificado ilegalmente como trabajador a destajo y la empresa estaría sujeta a cargos. Si usted se encuentra en una situación semejante, en mi opinión le convendría mejor que lo clasificaran como un empleado permanente o de puesto fijo porque así podría disfrutar de todos los privilegios y beneficios que éstos disfrutan.

TRABAJO A TIEMPO PARCIAL VS. A TIEMPO COMPLETO

Una vez que ha conseguido empleo en alguna empresa, existe con frecuencia una opción y distinción entre empleo a tiempo parcial y a tiempo completo. Los empleados a tiempo completo disfrutan de ciertos beneficios que la mayoría de los empleados a tiempo parcial no disfrutan, como por ejemplo: seguro médico, vacaciones pagadas, subsidio por incapacidad laboral y otros. Por esta razón, muchas empresas prefieren limitar a sus empleados a trabajar a tiempo parcial, negándoles así el acceso a estos costosos privilegios. Si usted prefiriese trabajar a tiempo completo, pero se ve limitado a una jornada a tiempo parcial, debería hablar con el gerente de recursos humanos de su empresa. Exprese claramente cuáles son sus deseos y sus preocupaciones. Deje claro que usted comprende perfectamente bien que al limitarlo a tiempo parcial, le están negando beneficios que a usted le gustaría recibir. Explique claramente el valor adicional que usted añadiría a su empleo y a la empresa si trabajara a tiempo completo. Solicite que consideren con seriedad cambiar su situación. Si le niegan el cambio, usted puede contar con varias fuentes de ayuda para apelar la decisión. Yo sugiero que empiece por el sindicato si es que existe uno en su empresa. Si siente que se le está negando injustamente, puede ponerse en contacto con alguna de las organizaciones de defensa que se enumeran en la sección de recursos al final de este libro o con la comisión de empleo (*Employment Commission*) de su estado. Si la empresa sencillamente no puede darle empleo a tiempo completo, usted puede empezar a buscar el siguiente paso en su carrera.

CÓMO NEGOCIAR SU SUELDO, BENEFICIOS, ETC.

Recuerde que tiene derecho a negociar su sueldo y beneficios. Muchas personas toman un empleo pensando que tienen que aceptar lo que se les ofrece; se sienten felices y muy agradecidos de haber conseguido el empleo. Es importante investigar antes de solicitar un empleo. Para cuando asista a la entrevista, debe tener ya una idea del sueldo y beneficios que desea recibir. Debe también haber determinado la cantidad de dinero que esté dispuesto a negociar, dependiendo de sus necesidades económicas y sus metas. Puede investigar el salario promedio de personas con su experiencia laboral y en su sector en el Internet, ya sea a través de la Comisión de Empleo de su estado, organizaciones locales para el desarrollo de la fuerza laboral o las universidades.

Para darle un ejemplo: cuando la joven demandante que le mencioné se puso en contacto con nuestra empresa para solicitar empleo, ella ya tenía metas específicas para su sueldo. Yo me puse en contacto con un par de universidades locales para averiguar cuál era el salario promedio inicial para los graduados recientes en la carrera de publicidad. Resultó que el salario que ella pretendía estaba un poco por encima del mercado. Esto era debido a que había fijado su meta basándose en los ingresos de personas en puestos semejantes en la región nordeste del país. Aquí en el sur de Texas el costo de vida es más bajo, así que no fue difícil llegar a un acuerdo que nos dejó satisfechos a ambos. Unos pocos meses más tarde, ella se había desempeñado tan bien que, entre ascensos e incrementos de sueldo, ¡ya estaba ganando lo que se había propuesto originalmente! Es más, cuando me enteré de que le preocupaba que el plan de beneficios médicos que nuestra empresa ofrecía no era suficiente para sus necesidades, inmediatamente hice los arreglos necesarios para mejorárselo. En mi opinión, si usted da a conocer sus deseos y necesidades, y es un candidato fuerte o un valioso miembro del equipo, la empresa buscará la manera de satisfacerlos para que usted pueda aplicar todas sus energías en ayudar a la empresa a lograr sus metas.

EXPECTATIVAS DE ASCENSO, REVISIONES, BONOS

Siempre que inicia un nuevo empleo, es importante tener desde el principio un entendimiento bien claro de las oportunidades que existen para progresar, cómo se va a medir su desempeño, y cuál será su recompensa por realizar un buen trabajo. Éstas son otras de las cosas que la gente normalmente no considera cuando busca empleo. Ya una vez establecido en el puesto, es más difícil obtener respuestas. ¡A veces no la tienen! Conocer las respuestas a estas preguntas le puede ayudar a definir sus expectativas y metas para su participación y tiempo dentro de la organización: así que no tema preguntar. En mi experiencia, mientras más pregunte, más recibirá.

SI TRABAJA POR SU CUENTA O TIENE SU PROPIO NEGOCIO

El proceso de la búsqueda de trabajo es obviamente muy diferente si usted trabaja por su cuenta. En lugar de buscar el siguiente puesto o la siguiente oportunidad de empleo, se busca el siguiente proyecto, contrato o cliente. Hay libros enteros dedicados a este tema —cómo desarrollar su negocio—, pero en breve, me gustaría compartir unos consejos sacados de mi propia experiencia en el fomento de una empresa. Estas estrategias pueden ayudarle a desarrollar su carrera como empresario o contratista independiente:

1. Especialícese, adquiera experiencia y hágase notar

Cuando trabaja por su cuenta o tiene su propia compañía, a menudo compite con empresas mucho más grandes y reconocidas o contra un gran número de personas con habilidades semejantes. Si éste es el caso, le conviene encontrar un área en la cual especializarse, y adquirir experiencia y conocimientos en ese campo. Esto le lleva a tres cosas: a) una mayor demanda de sus servicios específicos, b) honorarios más elevados debido a sus habilidades especiales y c) lo diferencian de la competencia.

Para darle un ejemplo muy específico, esto es justamente lo que decidí hacer para lanzar mi empresa. En su inicio, eramos otra agencia de publicidad entre muchas. Nuestra empresa era pequeña, nueva y de relativamente poca experiencia. La competencia era fuerte, muy cualificada y muy intensa. Así que decidimos enfocarnos en algunas industrias específicas. Lo que estas firmas tenían en común era que nos gustaban, teníamos confianza en los servicios que prestaban al público y calculábamos que tenían un largo futuro. Las industrias que escogimos fueron las de servicios financieros, turismo y salud. Con el tiempo fuimos adquiriendo un alto grado de conocimiento, experiencia y especialización en esas áreas. Los clientes actuales y posibles llegaron a reconocer y apreciar nuestra especialización. Se hizo cada vez más fácil atraer nuevos clientes y mantener la confianza y lealtad de aquellos con los que ya contábamos. En lugar de ampliar nuestras áreas de experiencia, actualmente estamos trabajando en especializarnos todavía más, enfocándonos cada vez más en el mercado latino. No sabemos aún los resultados que obtendremos en este experimento, pero dado el potencial de crecimiento y el indudable interés del mercado latino, tengo la confianza de que este plan directivo seguirá en pie para nosotros en el futuro.

2. Encuentre maneras redituables de ampliar sus servicios a los clientes actuales

Hay dos maneras principales de hacer crecer su negocio. La primera es a través de desarrollo del negocio de sus clientes actuales: piense qué nuevos servicios o qué valor adicional les podría ofrecer. Lo único es asegurarse de que estos servicios adicionales sean redituables para usted y no le distraigan de su deber principal.

3. Amplíe y diversifique su clientela

La segunda manera de crecer es atraer nuevos clientes. Mi filosofía siempre ha sido buscar nuevos clientes porque nunca se sabe lo que puede suceder con los actuales. Se puede perder un cliente sin tener ninguna culpa. Y si no tiene posibles clientes para el futuro, podría verse en problemas, especialmente si no ha diversificado su clientela. Para la mayoría de las empresas pequeñas, el 20% de los clientes genera el 80% de los ingresos. Esto se conoce como la regla del 80-20. Esta proporción precaria lo vuelve muy vulnerable a la pérdida de uno de esos clientes claves. Así que oblíguese a diversificarse y no ser demasiado dependiente de un solo cliente.

4. Desarrolle un sistema para identificar y fomentar nuevas oportunidades

Con demasiada frecuencia, si el negocio va bien no nos enfocamos en su crecimiento y ampliación, pero yo creo que es exactamente el mejor momento para hacerlo. Desarrollar un proceso sencillo o un sistema para buscar nuevas oportunidades, mantener sus relaciones y contactos y llevar esas oportunidades a dar fruto es un paso muy poderoso. Esto lo puede lograr fácilmente utilizando su computadora, con una sencilla gráfica que actualice cada semana. Puede hacer una pequeña lista de los métodos que utiliza para buscar nuevos clientes y proyectos y asegurarse de que usted o algún otro miembro de su equipo esté actualizando esas búsquedas con regularidad.

5. Forme un equipo de apoyo fuerte y productivo

Cuando uno trabaja por su cuenta, la más grande limitación es el tiempo. Hay solamente un número constante de horas en el día para trabajar. Una vez que esas horas estén ocupadas, hay solamente dos maneras de crecer: cobrando honorarios más altos o contratando más personas productivas y rentables que nos ayuden a completar el trabajo.

Muchas personas prefieren trabajar solas. Un amigo mío que trabaja como pintor, el Sr. Elías, hace un trabajo excelente pero siempre se ha rehusado a contratar un asistente. Varias veces le he preguntado: «¿Por qué no contrata a alguien que lo ayude?». Y siempre me responde: «Prefiero trabajar solo, Rudy. No puedo confiar en que, si contrato a alguien, no roben o se presenten a trabajar borrachos o dañen la propiedad del cliente».

Su respuesta tiene sentido, pero si pudiese encontrar la persona adecuada para ayudarle, probablemente pintaría el doble de rápido y ganaría el doble, o podría pintar sólo un poco más para cubrir el sueldo del ayudante, pero haría menos del trabajo más pesado. En ambos casos, el Sr. Elías saldría beneficiado. Ya no es tan joven, y llegará el día en que ya no pueda trepar a los tejados para pintar las chimeneas. Un aprendiz o dos que aprendieran de su experiencia le serían de gran valor en el futuro.

Si el Sr. Elías lo pensara bien, se daría cuenta que al buscar con cuidado, pedir referencias y contratar al solicitante electo por un período de prueba para comprobar sus habilidades y su actitud, se resolverían sus preocupaciones y él habría encontrado la manera de incrementar sus ingresos y mejorar su calidad de vida.

Piense cómo este planteamiento puede funcionar para usted. Forme un equipo. Asegúrese de que su equipo sea bueno, productivo y rentable. Seleccione cuidadosamente. Establezca metas y un criterio de selección de antemano. Y por supuesto, prepárese para lidiar con toda la burocracia que acompaña el fundar una empresa y contratar empleados. Pero esto es tema para otro libro. Lo más importante que debe recordar es que necesitará información tanto del Ministerio de Hacienda (*Internal Revenue Service* o *IRS* por sus siglas en inglés) como de la agencia estatal de impuestos sobre los documentos que rellenar y los impuestos que debe registrar para sus empleados. (En el directorio de la sección de finanzas personales de este libro puede encontrar información pertinente). Y si usted no es un contador público titulado, ¡le recomiendo contratar uno para que le ayude a entender todo esto!

Es muy frecuente que los contadores ofrezcan ayuda a las empresas pequeñas con toda esta papelería, la nómina, etc. por una pequeña cuota. Para ellos es muy sencillo todo esto; después de todo, son profesionales.

6. Establezca una base financiera para el crecimiento de su empresa

A medida que considera el desarrollo de su empresa, siga las guías y conceptos que se incluyen en la siguiente sección, «El manejo de las finanzas». Será de mucho beneficio para su empresa, de manera que pueda exprimir todas las oportunidades de crecimiento al máximo, contar con una bolsa de ahorro en efectivo para casos de urgencias, acceso a crédito y capital, un historial de crédito limpio, y buenas referencias financieras de sus proveedores y de su banco. Eventualmente, usted querrá formular un plan de negocio, aunque sea sencillo. Este plan detallará sus metas, su procedimiento de trabajo, sus proyecciones económicas, etc. Es indispensable para obtener préstamos e inversionistas. Aunque no lo necesite de inmediato, es buena idea contar con esta opción cuando estudie las diversas rutas de expansión y desarrollo de su carrera como empresario. El directorio de recursos financieros le proporciona algunas referencias para el desarrollo de un plan de negocios.

7. Planifique un ciclo ascendente en la calidad de su clientela

A veces usted y sus clientes crecen juntos. Éste es el escenario ideal. Pero con frecuencia su desarrollo profesional toma una velocidad mayor al de las necesidades de sus clientes. En algún momento será necesario planear un cambio en su clientela. Esto es semejante a la situación del empleado que piensa cambiarse a un puesto mejor o a una empresa que pueda pagarle un salario más alto que el que puede pagar su empleo actual.

Un ejemplo de esta situación es José. José es un técnico en computación. Comenzó a trabajar a tiempo parcial para una pequeña compañía familiar mientras terminaba su carrera en la universidad de su localidad. En ese momento, este empleo le sentaba a José como un anillo al dedo. Tenía un empleo en el sector que le interesaba y ganaba lo suficiente para su nivel de experiencia, mientras que su cliente recibía el mantenimiento técnico que necesitaba. Pasaron un par de años y durante ese tiempo su cliente no creció, ni sus necesidades cambiaron. José en cambio adquirió bastantes conocimientos en ciertos tipos de paquetes de *software* y empezó a especializarse y a adquirir experiencia en el desarrollo de un tipo especial de bases de datos.

De momento no puede utilizar sus nuevos conocimientos en el trabajo que empeña para su cliente actual, pero si consiguiera una nueva clientela, podría ganar el doble de lo que gana actualmente y utilizar al máximo sus nuevas habilidades. Tiene sentido: José ha adquirido una especialización y ahora debe gravitar hacia otro nivel de clientela. Se ha apartado del montón, y ahora puede obtener mayores ingresos por sus servicios y su tiempo. Tan pronto como José consiga nuevos clientes de este nivel superior, podrá decidir si tiene sentido conservar su antiguo cliente o recomendarle un nuevo proveedor. De cualquier modo, debería conservar el contacto que le ayudó durante sus primeros años. Yo lo haría simplemente por gratitud y agradecimiento, pero es también una buena política comercial conservar las relaciones positivas. Dentro de algunos años esa pequeña empresa familiar podría crecer y necesitar nuevamente de los servicios de José, o en algún momento difícil José podría llegar a necesitar a su antiguo cliente. ¡Recuerde siempre los «Diez pasos para salir adelante»! Paso 6°: forme y conserve relaciones. Puede hacer esto mientras gravita hacia un nivel más alto de clientela y presupuesto.

A fin de cuentas, tanto si usted trabaja por su cuenta como si no, estas estrategias servirán para incrementar su potencial de ingresos. Ahora: cómo administre su dinero y cómo lo haga crecer dependerá de usted. Puede significar la diferencia entre jubilarse con riquezas o en penurias, ¡así que siga leyendo para obtener las claves finales para salir adelante!

EL MANEJO DE LAS FINANZAS

13

▼

Cómo sacar el máximo
provecho a su dinero

Como les explicaba anteriormente, cuando empecé a escribir este libro, la idea original era desarrollar una guía que ayudara a los latinos a manejar sus finanzas personales. De inmediato me quedó muy claro que si bien es cierto que hay una gran necesidad de una guía semejante, el libro debería abarcar un rango mucho más amplio. De hecho, es una convicción mía que lo más importante para un mejor manejo de nuestras finanzas es ayudarnos a incrementar nuestros ingresos y nuestro potencial al máximo, y ayudarnos a alcanzar las metas económicas que nos hayamos fijado. Es decir, la administración de nuestro dinero es crítica para alcanzar esas metas, pero antes de que podamos administrarlo, hay que ganarlo. Y nuestro potencial de ingresos es determinado principalmente por los dos factores que cubrimos en la primera parte de este libro: nuestra educación y el desarrollo profesional. Éstos son los motores que impulsan nuestra capacidad de ingresos. Claro que se necesita fuerza de voluntad, trabajo duro y una firme determinación, pero para salir adelante es necesario algo más que trabajo. Ahora, una vez que usted empieza a percibir un mejor salario gracias al fomento de su educación y el desarrollo profesional, es hora de empezar a planificar cómo administrar sus finanzas durante el curso de su vida.

La administración financiera es de particular importancia para los latinos porque estamos aquí precisamente para aprovechar las oportunidades, y porque creímos en la promesa de una sociedad con la libertad para ensanchar nuestra prosperidad y ascender en la escala social. Estamos en posición de ayudar a nuestros hijos a cosechar los frutos de nuestro progreso. Vivimos en una sociedad donde podemos ir más allá de una mera supervivencia, donde podemos de hecho prosperar. De qué manera aprovechamos esa prosperidad es decisión de cada individuo y cada familia. Mi sueño es tener más tiempo para mis seres queridos, escribir novelas y compartir mis sueños y mis experiencias de manera que ayude a otras personas a entender mejor su sitio en este país y en este mundo que es nuestro hogar. El confín de mi ilusión es llegar a un punto en mi vida en que, en términos económicos, el trabajo sea una opción y no una necesidad. Deseo alcanzar ese punto a la relativamente temprana edad de 48 años para poder dedicar el tiempo a viajar con mi esposa y tener aún la energía para enfocarme en proyectos creativos. Eso es un sueño, diría usted. Pues, sí, lo es. Justamente usted también debe tener su propio sueño. El aspecto económico es probablemente sólo un medio para realizarlo entre tantos, pero es uno muy importante. Para muchas personas, pensar en el dinero es de mal gusto, pero yo le pido que deje a un lado los prejuicios y empiece a aplicar mis «diez pasos para salir adelante» en el campo de las finanzas personales.

Empiece por implementar el paso 1°: sueñe en grande.

Fijémonos en mis aspiraciones por un segundo. A mí me parece bastante ambicioso. Cuando era niño, mi sueño era ser rico, tan rico que tendría mi propio avión, como los millonarios que veía en la televisión en series como Dinastía y Dallas. Con el tiempo fui ajustando mi sueño y ahora doy más valor a otras cosas como mi familia, mi deseo de crear y expresarme, de compartir una historia. El dinero no compra la felicidad, pero sí puede ayudarnos a disfrutarla. ¿Cuál es su sueño? Piense en grande. ¿Dónde le gustaría estar dentro de diez o veinte años? ¿Qué le gustaría hacer por sus hijos, por sus padres? ¡Eche a volar la imaginación! ¿Qué es lo que le traería la mayor felicidad en el curso de su vida?, ¿y qué recursos económicos se requieren para llegar a él?

Independientemente de la extensión de su sueño, tome el paso 2º: haga una lista de metas concretas. Si su sueño es jubilarse y vivir en el campo, tener una finca y no volver a preocuparse de ganar dinero, entonces calcule cuánto le costará la finca, cuánto necesitará ahorrar para poder llevar una vida cómoda y pagar sus impuestos sin que sus ingresos se vean disminuidos por la inflación. ¿Le harán falta 100.000 dólares?, ¿500.000 dólares?, ¿1.000.000 de dólares? No se deje asustar por la cantidad: sólo anótela. Es una meta concreta, y usted puede trabajar para alcanzarla. Es curioso: si uno se compromete a ciertas metas, puede trabajar para alcanzarlas, pero si no las tiene, pues, entonces no. Así que el simple hecho de anotarlas es un gran paso hacia la dirección correcta.

Luego vienen los pasos 3º y 4º: haga una lista de lo que se necesita para llegar del punto A al punto B. Hace poco leí un libro en que el autor, David Shepard, aconseja a sus lectores reducir sus metas hasta el infinito, lo que quiere decir que hay que *desmenuzarlas,* imaginar cada uno de los pasos que se necesitan para llegar a la meta: ¿cuánto dinero tiene que ahorrar en el transcurso de los años, cuánto cada año? Tomando en cuenta sus gastos y los impuestos, ¿cuánto tendría que ganar al año? Y si no está ganando esa suma actualmente, ¿qué puede hacer para elevar sus ingresos y alcanzar ese fin? ¿Hay gastos innecesarios que podría eliminar de su presupuesto actual para compensar la diferencia? ¿Está desaprovechando oportunidades de obtener ingresos adicionales con sus talentos y habilidades presentes?

Entonces recuerde el paso 5°: cuestione todo y pida ayuda. Hágase las mismas preguntas que le sugerí anteriormente, como: «¿Son mis aspiraciones lo suficientemente grandes?, ¿cuáles son las cosas que más valoro?». Haga una lista de sus prioridades y ajuste la meta acorde con ellas. Tal vez usted espera o desea demasiado, ¡o tal vez no se está exigiendo lo suficiente! A medida que establezca sus prioridades, pida consejo a un experto en planificación financiera. Muchos bancos tienen personal dispuesto a ayudarle. Si no se siente cómodo solicitando ayuda al banco, existen otras organizaciones específicamente dedicadas a ayudar a latinos a alcanzar sus metas financieras. Estas organizaciones están enumeradas en el directorio de Recursos Financieros. Hay también herramientas en Internet y paquetes de *software* que puede comprar para su computadora personal y le ayudan a elaborar sus planes económicos. La idea es solicitar ayuda de aquellos que se especializan en este campo. Yo lo he hecho: he contratado un consejero que me ayude a establecer metas y elaborar planes financieros para mi empresa, y estoy trabajando con un experto de mi banco en planeación financiera para establecer fines y elaborar planes referentes a mis finanzas personales.

Durante este proceso, recuerde el paso 6°: forme y conserve relaciones. Se sorprendería de cuántos y cuán maravillosos consejos puede obtener sin que le cueste un centavo, con sólo pedirlos. Mantenga el contacto con las personas que estén en posición de ayudarle; esto es una ayuda invaluable para administrar sus finanzas personales. No sea tímido. En los bancos, en las compañías de seguros, en los despachos contables, la mayoría de la gente está dispuesta a ayudar. Es su trabajo. La mayoría de los profesionales reconocen y respetan a los individuos que se esfuerzan por planear y progresar, y normalmente están dispuestos a formar una relación que les permita a su organización participar en su progreso. Yo he buscado, desarrollado y conservado excelentes relaciones con funcionarios de mi banco, de mi compañía de seguros y de mi departamento de contabilidad desde que apenas tenía un centavo. ¿Mi razón? Porque afortunadamente mis padres me enseñaron a esperar y exigir un servicio personalizado. A la mayoría de los latinos no. Permítame, por tanto, aconsejarle lo siguiente: entre al banco con la frente en alto, como si tuviera un millón de dólares, porque aunque en el momento no tenga todo ese montón de dinero en la bóveda, si mantiene su enfoque en la meta y sigue los pasos que le recomiendo, es muy posible que algún día sí lo tenga. De la misma manera enfoqué yo mis relaciones y recibí un servicio, una ayuda y unos consejos excelentes. Al principio, el banco no me concedió un préstamo, pero me ayudaron de otras formas cuando lo necesité. Y actualmente me ofrecen préstamos a diestra y siniestra, me recomiendan contadores y expertos en planificación financiera, me ofrecen opciones de planes de jubilación para mis colaboradores, seguros, tarjetas y líneas de crédito. Tan pronto tienen algo nuevo que ofrecer, se acuerdan de mí *¡precisamente porque mantenemos una colaboración!* ¡Cómo lo ve! El hecho es que su función es servirle para venderle sus productos y sus servicios. A ellos les conviene que usted progrese para que pueda utilizar sus servicios, y para poder ellos participar de su prosperidad. Recuerde esto cada vez que entre al banco.

Y por supuesto, no debe olvidarse de sus derechos (paso 7º). Muchos latinos se sienten intimidados por los bancos y las compañías de seguros. Y no es de extrañarse. Por muchos años, muchas de estas instituciones discriminaban a los latinos y a los afro-americanos. Afortunadamente, esto en gran parte ha cambiado. Todas las instituciones están obligadas por ley a dar trato justo y equitativo a todos sus clientes, cualquiera que sea su antecedente étnico. Así que si alguna vez siente que no está recibiendo un trato adecuado y sospecha discriminación racial, solicite hablar con el gerente del banco y notifíquele la situación. Si esto no le da resultado, comuníquese con la Comisión Federal de Derechos Civiles (*U.S. Comission on*

Civil Rights) o alguna otra organización. Recuerde que están enumeradas en el directorio de recursos financieros.

Para sacarle el mayor provecho a los derechos y privilegios que disfruta, debe tomar la delantera en explorar y ampliar sus opciones (paso 8°). Esto es cierto en particular con respecto a sus finanzas. Muchas personas se conforman con lo primero que les ofrecen cuando solicitan un préstamo o crédito. No tenga miedo de comparar las diferentes compañías bancarias o conseguir alguien que pueda compararlas por usted. El tiempo y energía que invierta en este proceso bien valdrá la pena al correr los años, si ahora usted obtiene una tasa de interés más baja o un mejor precio en la compra de artículos caros.

A medida que compara sus opciones, sea flexible para aprovechar las oportunidades (paso 9°). A veces se presentan oportunidades de grandes ahorros. Si usted está dispuesto a considerarlas, aun no siendo exactamente su orientación inicial, puede ser que sean fructíferas. Permítame darle un ejemplo: un amigo y su esposa por años habían deseado construir la casa de sus sueños. Un arquitecto ya había elaborado los planos y habían encontrado el terreno perfecto. Sólo esperaban el momento de empezar a construir, mientras iban ahorrando todo lo que podían. Frustrados por la larga espera, hablaron con un amigo de ellos que era contratista. Sucede que éste tenía cinco casas en construcción y necesitaba compradores. Mis amigos vieron todas las casas y encontraron una que incluía casi todas las características que deseaban para la casa de sus sueños. Inclusive pudieron seleccionar la mayoría de los accesorios, la alfombra y los colores de la casa. Su amigo estaba tan ansioso por vender que consiguieron una verdadera ganga, y ahora viven en una agradable casa con un patio amplio, en vez de estar arreglándoselas en un pequeño apartamento mientras esperan que el hogar de sus sueños se convierta en realidad. Se necesitó un poco de flexibilidad y de suerte, pero lo cierto es que ¡*la flexibilidad y las relaciones* rindieron fruto!

Paso 10°: viva como si ya hubiese alcanzado su sueño. ¿Recuerda que le dije que entrara al banco con la frente en alto? Iba en serio. Exija el respeto que usted se merece. Sea la imagen viva del éxito. En el mundo de las finanzas la gente responde favorablemente a esta actitud porque es precisamente esta actitud la que lo lleva a alcanzar sus metas. En otras palabras, a la gente le gusta asociarse con el éxito. Y la sola imagen del éxito es ya un paso en el camino a su realización.

En los siguientes capítulos discutiré varios temas que pueden ayudarle a mejorar el bienestar económico de su familia. Muchos de estos temas pueden llenar, y de hecho han llenado, libros enteros. Así que considere lo que sigue como una guía de introducción diseñada a familiarizarle con la materia y el lenguaje que utilizan. Una vez que tenga los conocimientos fundamentales, podrá adentrarse más a fondo en las propiedades específicas que le sean pertinentes a usted y sus intereses. Además, en el directorio de recursos financieros encontrará referencias muy útiles con información adicional.

Los bancos y compañías de seguros: no les tema

Permítame empezar por compartir con usted un hecho asombroso y documentado: Aproximadamente un tercio de todos los latinos no tienen ni cuenta bancaria ni seguro de ninguna clase. Es muy probable que usted no sea parte de esta porción de la población, pero aun si cuenta seguro y con una cuenta bancaria, es muy posible que no esté aprovechando al máximo estos servicios por la misma razón que muchos latinos ni siquiera los utilizan.

Basado en mis observaciones y conversaciones, yo atribuyo esta baja utilización del sistema financiero a una serie de factores.

En primer lugar, muchos latinos se sienten intimidados tanto por los bancos como por las compañías de seguros.

Tradicionalmente, los bancos han estado situados en edificios imponentes y elegantes, llenos de mármol y latón bruñido. Con frecuencia los cajeros se portaban altivos con las personas que se mostraban confusas, y los bancos no se distinguían precisamente por tratar de ayudar a los que no eran ricos.

En segundo lugar, la falta de entendimiento sobre el funcionamiento y mecanismo de los servicios e instrumentos financieros inspiran temor y ansiedad en la gente que, por su parte, no confían sus ahorros ganados con tanto esfuerzo a gente desconocida.

En tercer lugar, las malas experiencias que hemos tenido en Latinoamérica no pintan precisamente un retrato muy favorable o atractivo de los bancos y compañías de seguros. Por qué no decirlo: las economías de nuestros países vecinos han estado plagadas de instituciones financieras inestables en las que millones de personas han perdido una parte o la totalidad de los ahorros de toda una vida. Por esta razón, es parte de la cultura de muchos de nuestros países de origen de operar casi totalmente con dinero en efectivo. Y hemos traído esta tendencia con nosotros a este país.

En cuarto lugar, el temor a los impuestos y otros efectos negativos hace que muchos inmigrantes recientes sean renuentes a abrir cuentas bancarias. Para muchos latinos que tienen ingresos limitados, la realidad es que necesitan hasta el último centavo que ganan. El temor a perder el sustento financiero que el gobierno les otorga y verse obligados a pagar impuestos, hace que sea más atractivo operar al contado porque es más difícil para el gobierno seguir la pista del efectivo que de los fondos que se depositan en una cuenta bancaria.

Finalmente, al tener poco conocimiento de los beneficios que los servicios bancarios y los seguros ofrecen, no existe una motivación de utilizar estas oportunidades para administrar e incrementar la economía personal.

Por el lado positivo, todos estos factores negativos pueden cancelarse muy fácilmente.

Para empezar, la industria de los servicios financieros está sufriendo una revolución silenciosa. Los altos ejecutivos de bancos y compañías de seguros asignan a los latinos una prioridad cada vez más alta. Se están dando cuenta del enorme potencial de crecimiento en nuestra comunidad, y saben también que el mercado latino está relativamente desatendido. Las posibilidades para la industria bancaria son tremendas, lo que favorece a los consumidores latinos. Con mayor frecuencia, los bancos y las compañías de seguros reclutan empleados latinos que puedan entender las preocupaciones y necesidades de nuestra comunidad, y puedan comunicarse en nuestro idioma. Están desarrollando productos y servicios especialmente enfocados a nuestras necesidades, y se están involucrando en el proceso educativo. Todo esto está logrando derribar el techo que hacía a los bancos tan intimidantes. Además, cada vez más bancos construyen sucursales fácilmente accesibles en los barrios latinos y en supermercados y centros comerciales. Algunos de los bancos que encabezan esta tendencia de hacer los servicios financieros más amistosos y accesibles a los latinos son: Wells Fargo Bank, Bank of America y Washington Mutual (en el ámbito nacional), y bancos regionales como el International Bank of Commerce (del estado de Texas) y el Banco Popular (en Nueva York).

Segundo, mientras usted lee este libro, el problema tan generalizado de desinformación sobre servicios financieros que existe entre los latinos se está combatiendo. Se están publicando más libros que ayuden a las personas a aprender cómo aprovechar su dinero al máximo. Los bancos patrocinan seminarios educativos. La Internet cuenta con una amplia gama de oportunidades. Yo le exhorto a aprender lo más que pueda sobre finanzas personales. Y por supuesto, en los próximos capítulos pondré todo lo que esté de mi parte para asegurarme que usted entienda por lo menos lo más fundamental.

En tercer lugar, es muy importante que usted tenga confianza en la estabilidad y fuerza del sistema financiero de Estados Unidos. Este es uno de los cimientos de la riqueza y el poderío económico del país.

Para que se sienta aún más seguro, abra su cuenta bancaria en una institución asegurada por el gobierno federal. Generalmente, en las puertas del banco está pegada una calcomanía con las siglas FDIC: esto quiere decir que los fondos están asegurados por una agencia del gobierno federal. Si no ve la calcomanía, puede preguntar a un funcionario o a un cajero. Cuando el banco está asegurado por esta agencia gubernamental, el gobierno federal asegura su dinero depositado en ese banco, hasta el monto de $100.000. Esto significa que si el banco se declarase en quiebra, el gobierno federal le garantiza su dinero. Ahora, si llega el día en que el gobierno no pudiese cumplir con esa promesa, ¡pues ya tendríamos problemas mayores de qué preocuparnos!

Si se trata de compañías de seguros, éstas se clasifican de acuerdo con su estabilidad y solidez. Para mayor seguridad, yo le sugiero escoger entre aquellas compañías que cuentan con un historial de confiabilidad, como son Prudential, State Farm, All State y Farmer's. Todas estas compañías han generado iniciativas para dar un mejor servicio a los latinos. En particular la compañía All State ha hecho grandes progresos en ese renglón.

Dicho esto, es importante que usted sepa que corre un riesgo mucho mayor si tiene su dinero en efectivo que guardándolo en un banco. Hay más probabilidades de que le roben, que de un derrumbe del sistema bancario, y se está perdiendo la oportunidad de establecer un récord de ahorros e inversiones, de ganar intereses con su dinero, y de establecer una relación con su banco.

En cuarto lugar, el temor a los impuestos y/o a perder beneficios es muy natural, y, al menos en cuanto a impuestos se refiere, muy generalizado. Yo no conozco a nadie que disfrute de pagar impuestos, pero es nuestro deber cívico. Hay ciertos derechos y privilegios que como ciudadanos y residentes de Estados Unidos disfrutamos. Con estos derechos y privilegios vienen también ciertas obligaciones entre las cuales se incluyen la de pagar impuestos y contribuir al bienestar social de nuestro país. Pagar impuestos, aunque usted no lo crea, tiene también sus ventajas, muy directas y personales. Sin un historial documentado de transacciones bancarias y ahorros, sin declaraciones de impuestos que comprueben sus ingresos fielmente, es muy difícil obtener financiamiento favorable para compras mayores o inversiones como, por ejemplo, la compra de un coche o una casa, o un préstamo para pagar la universidad. El hecho de reportar sus ingresos y pagar los impuestos correspondientes le ayuda a formar un historial legítimo que será crucial para su capacidad de incrementar su potencial de ingresos y su poder de compra. A la larga, esos beneficios probablemente sean mayores que lo que usted paga en impuestos o en pérdida de beneficios.

Finalmente, una vez que entienda cómo funcionan los servicios financieros y los beneficios que puede recibir de los productos y servicios que ofrecen los bancos y las compañías de seguros, verá cómo sus temores se desvanecen. La fascinación de ver crecer su dinero, de trabajar en pos de sus metas sin tener que incrementar su carga personal de trabajo es muy poderosa.

Así que no tema aprovecharse de los asombrosos beneficios del sistema financiero de Estados Unidos. Aprenda más sobre este tema. Adquiera confianza y coseche los frutos. Todo esto se inicia a partir de hoy. Dele vuelta a la página, ¡y empecemos!

15

Los fundamentos de las finanzas personales

El punto de partida para aprender a administrar mejor sus finanzas debe ser sus metas. ¿Para qué está usted trabajando? ¿Por qué desea ahorrar? ¿Qué edad tiene? ¿Cuándo necesitará tener acceso a esos fondos que está usted depositando? ¿Cuánto gana usted actualmente? ¿Cuál es su potencial de ingresos a largo plazo? ¿Con cuántos años de productividad puede usted contar? ¿Va a contar con otras fuentes de ingresos después de que se jubile? Una vez que establece sus metas, puede empezar a trabajar para alcanzarlas utilizando las herramientas de las finanzas personales. Las respuestas a las preguntas anteriores van a determinar la combinación de herramientas de ahorro, inversiones y financiamiento que usted deberá utilizar en los próximos años. Como cada persona y cada familia enfrentan una situación diferente, yo no puedo decirle cuál es la combinación adecuada para sus necesidades. Pero lo que sí puedo hacer es asegurarme de que tenga los conocimientos fundamentales del lenguaje financiero y las principales herramientas a su disposición. Después de esto, usted deberá trabajar con un experto en planificación financiera o con un banquero para determinar la combinación perfecta para usted. Asimismo, a través de alguna literatura adicional, quizás usted pueda determinar una combinación preliminar de herramientas que funcionen con sus necesidades. En un capítulo posterior, le proporcionaré algunos enfoques potenciales de finanzas personales para varias categorías de personas. Por ahora, nos enfocaremos en las herramientas y mecanismos fundamentales del sistema financiero.

EL DINERO HACE GIRAR EL MUNDO: EL ABASTECIMIENTO DE DINERO Y LAS TASAS DE INTERÉS

¿Usted cree que la gravedad hace girar al mundo? ¡Bienvenido a los Estados Unidos! No haga caso de los científicos; aquí, el dinero es lo que hace girar al mundo. ¿Le parece que esto es triste? Tal vez lo sea, pero si realmente desea salir adelante, necesita entender el dinero y cómo trabaja.

Yo no soy un economista, así que no voy a meterme en grandes enredos ni a enredarlo a usted. El núcleo del sistema financiero es lo que se conoce como el abastecimiento de dinero.

La Reserva Federal (*Federal Reserve*), que es una rama del gobierno de la nación, controla el abastecimiento de dinero para poder garantizar una economía estable, con una proporción estable de crecimiento.

Generalmente, la meta del gobierno federal es mantener la inflación y el desempleo bajos al mismo tiempo que fomenta el crecimiento económico. La inflación es la proporción en que los precios aumentan.

Uno de los mecanismos claves que la Reserva Federal controla para impactar el abastecimiento de dinero y la economía en general, es la tasa de interés. En la actualidad, es la Reserva Federal quien fija la tasa de préstamos, que es la tasa de interés que los bancos pagan por pedir dinero prestado. Esto a su vez, impacta el nivel de todas las tasas de interés.

Muchas veces me he preguntado cuanta gente realmente entiende cómo funciona la tasa de interés y qué la determina. Todo suena demasiado complicado pero es en realidad muy sencillo.

¡El dinero cuesta dinero! Esa es la idea tras las tasas de interés. Cuando usted pide dinero prestado, así sea usted una persona, una empresa, un banco o una nación, tiene que pagarle a quien se lo prestó por facilitarle el acceso a ese dinero. De la misma manera, cuando usted deposita dinero en el banco o invierte dinero en bonos, acciones u otros instrumentos, es a usted a quien le pagan por permitir el acceso a su dinero. Generalmente, la tasa de interés que los bancos pagan por los ahorros es un poco más baja que la que cobran por el dinero que prestan. En términos muy sencillos, la diferencia entre esas dos tasas representa un margen de ganancias para el banco. Junto con muchos otros honorarios, así es como el banco gana dinero. Ellos toman el dinero de los depositantes e inversionistas y se lo prestan a otras personas cobrándoles una tasa más alta de interés.

Cuando la Reserva Federal quiere estimular la economía, reduce las tasas de interés. Al reducirlas, hace que sea más fácil y más barato pedir dinero prestado. Y esto contribuye a que los consumidores gasten más, comprando casas, carros y otros artículos, y contribuye también a que las empresas pidan préstamos para generar más crecimiento, empleos, etc.

De lo contrario, cuando la Fed como se le llama vulgarmente a la Reserva Federal (*Federal Reserve*), quiere desacelerar la economía para evitar que se sobrecaliente y se genere inflación, entonces sube las tasas de interés. Y esto hace que la economía se enfríe. Cuesta más caro pedir préstamos, y es más conveniente conservar sus ahorros. También evita que la economía crezca de manera tan acelerada que genere inflación y se desestabilice el equilibrio saludable de crecimiento que el gobierno quiere sostener.

¿Qué significa todo esto para usted? Bueno, pues aunque no lo sepa, las tasas de interés (lo que usted paga por pedir dinero prestado) y las tasas de rédito (lo que a usted se le paga por ahorrar o invertir) son factores importantísimos para su vida económica, y mientras mejor entienda los conceptos y esté al tanto de las actuales tasas de la economía, mejor podrá asegurarse de que sus transacciones financieras sean justas, equitativas y favorables para su bienestar económico a largo plazo.

TASAS DE INTERÉS Y TASAS DE RÉDITO: NIVELES DE RIESGO Y REPORTES DE CRÉDITO

La tasa de interés que la Reserva Federal determina, afecta las tasas que las instituciones de crédito cobran por los préstamos. Por supuesto que los bancos y las compañías de tarjetas de crédito cobran un interés más alto que el que ellos pagan. Así que la tasa más baja de interés a la que los consumidores tienen acceso siempre va a ser al menos varios puntos más altos que la tasa principal.

Por ejemplo, si la Fed fija la tasa principal al 3%, la tasa más baja para los consumidores estará aproximadamente entre un 5% y un 6%. De éstas, las más altas son las que se aplican a préstamos mayores que requieren de colateral como, por ejemplo, un préstamo para la compra de una casa.

Tanto si se trata de tasas de interés como de tasas de rédito en sus ahorros o inversiones, la tasa tiende a ser más alta a medida que es mayor el riesgo de la persona que está separándose de su dinero, y esto tiene sentido. Un banco le va a cobrar menos intereses por un préstamo a una persona con un historial perfecto de crédito que a una persona que tiene un historial de problemas económicos. De la misma forma, mientras más seguro es el lugar en el que usted deposita su dinero, más baja será la tasa de rédito que reciba.

Esta dinámica es muy importante para sus finanzas a largo plazo por varias razones:

1 Todo lo que usted pueda hacer para bajar la tasa de interés que paga por sus deudas es bueno. Puede ahorrarle dinero e incrementar su capacidad de obtener préstamos para acrecentar su potencial para generar ingresos y acumular riqueza.

2 Al bajar el nivel de riesgo para aquellos que le prestan, usted puede —después de algún tiempo— tener acceso a más bajas tasas de interés cuando necesite un préstamo.

3 El nivel de riesgo que esté dispuesto a correr estará determinado por sus metas, su edad y sus ingresos. Así que los tipos de herramientas de ahorro e inversión que utilice pueden variar en el curso de su vida.

Discutiré estos tres puntos claves con más detalle en los próximos capítulos. Mientras tanto, ahora tiene una idea sencilla de los elementos más fundamentales del sistema financiero: el abastecimiento de dinero, las tasas de interés, las tasas de rédito en inversiones. Estos son los cimientos para poder entender el entorno financiero dentro del cual quiere prosperar.

16

Las cuentas bancarias y sus ahorros

El primer paso hacia una mejor administración de su dinero es abrir una cuenta en el banco. Como ya había mencionado, aproximadamente la tercera parte de la población latina no tiene una cuenta bancaria, y sin embargo es esencial para la administración de su dinero en el ámbito de la economía de los Estados Unidos. Genera un historial documentado y legítimo de su actividad financiera, y le permite efectuar transacciones financieras en un plano profesional.

ABRIR UNA CUENTA CORRIENTE

Para las personas adultas, todo se inicia con una cuenta corriente. Para los niños, generalmente se inicia con una cuenta de ahorros. Una vez que usted está listo para abrir una cuenta corriente, le sugiero buscar un banco donde se sienta a gusto. Busque uno con sucursales cercanas al lugar donde vive o trabaja. Visite la sucursal a la que asistirá con mayor frecuencia. Compruebe que le pueden proporcionar el servicio personalizado y la ayuda que necesita, en español, para que su experiencia sea productiva y agradable.

Muchos bancos ofrecen actualmente cuentas corrientes gratuitas, sin limitar el número de cheques, y sin requisito de saldo mínimo. Éste es el tipo de cuenta ideal para iniciarse, sin generar costos adicionales.

¿Qué es una cuenta corriente? Una cuenta corriente es un concepto muy sencillo: usted deposita su dinero en el banco; el banco le guarda su dinero; usted tiene acceso a su dinero a través de cheques, y puede pagar sus cuentas por correo.

Para abrir una cuenta corriente necesita generalmente proporcionar su número de Seguro Social, y una identificación con fotografía que haya sido generada por el estado donde reside. Si no es un ciudadano de Estados Unidos ni un residente legal, puede abrir su cuenta con una identificación con fotografía que haya sido expedida por su país de origen como, por ejemplo, un pasaporte o visa. En estos casos, se le pide llenar unas formas para liberarlo de la obligación de presentar un número de Seguro Social.

Abrir una cuenta corriente es bastante fácil. En la mayoría de los bancos, puede solicitar asistencia en español, folletos informativos y formas. Si encuentra un banco que no le cobra honorarios, no exija un saldo mínimo ni limite el número de cheques, ¿qué puede perder?, ¡y tanto por ganar!

CUENTAS CORRIENTES Y TARJETAS DE DÉBITO/ATM

Con la mayoría de las cuentas corrientes, usted recibe una tarjeta ATM (*Automatic Teller Machine*, por sus siglas en inglés). Una máquina ATM, o cajero automático, es una máquina que permite hacer transacciones automáticamente sin la necesidad de ir a la ventanilla del cajero. Las tarjetas ATM le permiten el acceso al dinero que tiene en su cuenta corriente desde cualquier máquina situada en lugares accesibles a través de todo el país, e incluso en el resto del mundo. La mayoría de los bancos le permiten retirar fondos a través de sus propias máquinas ATM sin costo adicional, pero cuando utiliza las máquinas ATM de otros bancos, sí tiene que pagar un costo adicional por el servicio.

Para cualquiera que no utiliza actualmente una cuenta corriente y una tarjeta ATM, la comodidad de hacerlo le parecerá asombrosa. Básicamente, puede utilizar su dinero en cualquier momento y en prácticamente todo lugar sin tener que arriesgarse a llevar el dinero encima. Esta es una enorme ventaja, especialmente cuando viaja, porque le permite hacerlo con mayor seguridad.

La mayoría de los bancos también ofrecen ahora tarjetas de débito con las cuentas corrientes. Las tarjetas de débito llevan el logotipo Visa o el Mastercard. La principal diferencia entre una tarjeta de débito y una de crédito es que con la primera, el dinero es retirado directamente de su cuenta corriente. Esta es una ventaja adicional especialmente útil para los latinos que por una u otra razón tienen problemas para obtener una tarjeta de crédito, han utilizado ya el máximo de crédito disponible en sus tarjetas o simplemente prefieren gastar el dinero que tienen en lugar de utilizar crédito y tener que pagar intereses.

En lo personal, yo he disfrutado de la comodidad y ventajas de este tipo de cuenta bancaria por muchos años. Cuando de pagar sus cuentas se trata, nada es más fácil que una cuenta corriente. Se ahorra mucho tiempo y dinero utilizando cheques en lugar de giros postales, además de que enviar efectivo a través del correo no es recomendable ni seguro. La aparición de la tarjeta de débito también me ha beneficiado. Utilizo mi tarjeta de débito Visa para gastos personales. Es una manera fácil de llevar un historial de cuánto gasta y donde lo gasta, porque a fin de mes al recibir el estado de cuenta del banco, ahí está impresa una lista de todos los cargos que hizo, y le permite hacer ciertas compras que a veces es difícil hacer si no cuenta con una tarjeta de crédito o de débito, como compras por catálogo, por teléfono o a través de Internet.

De hecho, yo utilizo tanto estas ventajas que le recomiendo encontrar una cuenta corriente que le ofrezca todas éstas: cheques sin límite, una tarjeta de débito o ATM, y sin requisito de un saldo mínimo. No debería ser muy difícil de encontrar.

CUENTA DE AHORROS

El siguiente paso después de abrir una cuenta corriente, es abrir una cuenta de ahorros. Una cuenta de ahorros es una excelente forma de contar con efectivo extra, fácilmente accesible y generando intereses. Generalmente el interés que usted gana por sus ahorros es una de las tasas más bajas que existen, pero a cambio, le dan el máximo de liquidez. Liquidez es la facilidad de convertir ahorros e inversiones en dinero en efectivo. Además, en muchos bancos las cuentas de ahorros le pueden servir como protección contra sobregiros en su cuenta corriente. Lo que esto significa es que puede conectar sus cuentas corrientes y ahorros. Puede tener la cantidad que necesite en su cuenta corriente, y conservar el resto en su cuenta de ahorros ganando intereses. Si en alguna ocasión se sobregira en su cuenta corriente, esto quiere decir que giró cheques por una cantidad mayor a los fondos que tiene la cuenta y el banco automáticamente retirará esa cantidad faltante de su cuenta de ahorros. Esto evita que le devuelven cheques sin fondos, se le apliquen gastos extra y se dañe su historial de crédito.

En la mayoría de los bancos, puede tener acceso a su cuenta de ahorros a través de las máquinas ATM. También puede utilizar la máquina ATM para transferir fondos de la cuenta de ahorros a la cuenta corriente y viceversa.

Las cuentas de ahorros son una excelente forma de iniciar su experiencia bancaria. Son muy sencillas de abrir y de administrar. De hecho, una cuenta de ahorros es la manera ideal de enseñarles a sus hijos el concepto de ahorrar para el futuro. Pero ya hablaré de esto con más detalle en un capítulo posterior.

Desde su perspectiva, la mayor ventaja de una cuenta de ahorros es que su dinero está a salvo, y le genera intereses sin que usted tenga que hacer nada. Es el tipo de cuenta más seguro y accesible. A medida que el riesgo aumenta y la accesibilidad es menor, el interés sube, pero las cuentas de ahorro son la manera perfecta de mojarse los dedos para verificar la temperatura del agua.

CUENTAS DE MERCADO DE VALORES

Existe otro tipo de cuenta que paga un interés sobre su inversión mayor que el de una cuenta de ahorros, pero aún le permite fácil acceso a su dinero. El interés que usted gana es determinado por el saldo de su cuenta. Mientras más dinero tenga en la cuenta, más interés gana.

Este tipo de cuenta es un buen complemento para sus cuentas corrientes y de ahorros. Una vez que tiene dinero suficiente en las cuentas de ahorros y de cheques, el mercado de valores (*Money Market*) es una buena medida para tener fácil acceso a fondos adicionales con una tasa de interés más alta. Pero tiene usted que sostener cierto nivel de saldo, dependiendo del tipo de cuenta y los requisitos del banco.

La idea es tener liquidez, contar con los fondos que necesite en cuentas fácilmente accesibles, y después depositar el dinero adicional en tipos de ahorros e inversiones que, aunque no sean tan accesibles, le pagan mayores réditos.

CERTIFICADOS DE DEPÓSITO

El siguiente tipo de instrumento de ahorro que le voy a recomendar ha sido utilizado por muchos años por personas que desean guardar dinero a bajo riesgo y con una tasa de rédito más alta. Los certificados de depósito (*Certificates of Deposit*) son un tipo de inversión que le paga una tasa de rédito competitiva y le ofrece una variedad de vencimientos para satisfacer sus necesidades específicas. Cuando usted deposita su dinero en un CD (certificado de depósito), su inversión inicial está protegida al igual que otros tipos de ahorros. El vencimiento es el período de tiempo que debe esperar para poder retirar su dinero sin tener que pagar una multa. Cuando invierte en un CD, se asegura de recibir la tasa de rédito existente al momento de hacer el depósito, por toda la duración del certificado. Si le conviene, puede también renovar el certificado a la misma tasa de rédito. Esto puede ser una gran ventaja si durante ese período la Reserva Federal ha bajado las tasas de interés. La mayoría de los CD tiene fechas de vencimiento que son efectivos desde los 90 días hasta los dos años. Cuando se trata de cantidades superiores a determinado rango, los bancos ofrecen vencimientos más flexibles, que van desde los 14 días hasta un año. Generalmente, se necesita un mínimo de $1.000 para abrir un certificado de depósito.

En términos generales, las tasas de rédito sobre CDs son más altas que las que pagan las cuentas de ahorros o las cuentas de inversiones. Son una de las formas de ahorro e inversión más seguras y que pagan más altas tasas de rédito. Por esta razón, son el tipo ideal de inversión para aquellas personas que ya cuentan con cuentas corrientes, de ahorros y de inversiones. Aquí puede depositar dinero que no tendrá que utilizar por un largo período de tiempo, para ganar un rédito garantizado y tener su dinero seguro. Es una forma muy popular de ahorrar para gente de edad avanzada que no desea arriesgar su dinero.

EL ESTADO DE CUENTA MENSUAL Y LA RECONCILIACIÓN DE LA CUENTA

Independientemente del tipo de cuenta que utilice, el banco le enviará uno o más estados de cuenta mensuales. Puede ser que le envíen un estado de cuenta consolidado o le podrían enviar un estado de cuenta para cada una de sus cuentas. Su estado de cuenta mensual muestra el saldo inicial, el saldo al cierre, y todas las transacciones que efectuó durante el período.

Es una buena idea archivar los estados de cuenta mensuales por si necesita consultarlos en el futuro. Junto con su estado de cuenta usted recibe los cheques que giró o copias de los mismos. Debe verificar todas las transacciones que están incluidas en el estado de cuenta para asegurarse de que no hay errores ni se le han aplicado cargos incorrectos. A esto se le llama reconciliar la chequera.

En el transcurso del mes, debe dar seguimiento al saldo de su chequera. Infórmese de los cargos que el banco somete y añádalos al saldo. Éste debe ser igual al que muestra su estado de cuenta por el mismo período de tiempo.

Si encuentra un error, puede llamar o visitar el banco para que le expliquen el problema. Si el error es del banco, le acreditarán los fondos de inmediato.

Este proceso mensual en ocasiones ha sido problemático para algunas personas. Hoy en día, sin embargo, existen unos excelentes programas para su computadora, como por ejemplo Quicken y Quick Books, que le ayudan a dar seguimiento a sus finanzas y a reconciliar la chequera de una manera muy sencilla.

UTILIZACIÓN DE LA CUENTA CORRIENTE PARA PAGAR FACTURAS

Una de las mayores ventajas que le ofrece su cuenta corriente es la facilidad de pagar las facturas sin esfuerzo y prácticamente sin costo alguno. Yo le recomiendo destinar un día al mes o cada quincena para pagar las facturas utilizando cheques. La cuenta corriente le proporciona un historial automático de las transacciones. Si hubiese duda acerca de algún pago que hizo, todo lo que tiene que hacer es revisar los estados de cuenta del banco y los cheques cancelados para verificar y confirmar el pago a proveedores y acreedores.

Otra característica que recomiendo es utilizar su cuenta bancaria para efectuar el pago automático y electrónico de las facturas. Es posible efectuar los arreglos necesarios para pagar muchas de las facturas automáticamente a través de su cuenta corriente cada mes. Esto le ahorra el tiempo de girar cheques y enviarlos por correo. De esta manera puede efectuar el pago de su casa, de su coche, de los servicios de agua y de luz, de sus tarjetas de crédito y otros préstamos. Para mí esta es una gran ventaja. Si usted no es precisamente una persona muy organizada, o si siempre le falta tiempo, esta característica le puede garantizar que la mayoría, si no es la totalidad de sus pagos, se hagan siempre a tiempo. Este tipo de historial es de gran ayuda para su clasificación de crédito. Por supuesto que la clave es tener fondos suficientes en su cuenta bancaria para que esas transacciones automáticas puedan efectuarse. Además, puede especificar la fecha de los traspasos electrónicos. Si desea que los traspasos se realicen inmediatamente después de la(s) fecha(s) en que deposita el sueldo, puede hacerlo.

BANCA EN LÍNEA

Otra característica que se ha popularizado mucho es la banca en línea. En la mayoría de los bancos, usted puede tener fácil acceso a sus cuentas corrientes y de ahorros a través de Internet. Con frecuencia puede utilizar la misma clave de acceso que utiliza para la tarjeta ATM. La banca en línea le permite pagar sus cuentas a través de Internet, efectuar traspasos, verificar el saldo, ver los estados de cuenta y comunicarse con el banco. Algunos bancos incluso le permiten bajar información (sus estados de cuenta, por ejemplo) de su página de Internet directamente a los programas que tenga usted instalados en su computadora para ayudarle a reconciliar sus cuentas. Generalmente el servicio de banca en línea es gratuito o se ofrece a un precio muy bajo. Si le gusta utilizar la computadora, le recomiendo que investigue qué ofrece su banco en este renglón.

LA CRECIENTE FUNCIÓN DE LOS BANCOS

Gracias a los cambios efectuados en los reglamentos que gobiernan la industria bancaria, estas instituciones financieras ofrecen una variedad cada vez más amplia de servicios financieros. La mayoría de los bancos ahora ofrecen servicios de inversión, correduría, planificación para su jubilación y seguros de vida. También ofrecen planificación financiera a largo plazo así como testamentaria.

Si ha desarrollado una buena relación personal con su banquero, puede ser muy conveniente permitir que el banco satisfaga la mayor parte de sus necesidades financieras. Pero hay ocasiones en que las compañías especializadas le pueden presentar mejores opciones en cuanto a seguros o cobrarle honorarios menores por servicios de correduría. Es bueno que compare los costos y las ventajas, aunque los bancos le ofrecen un rango de opciones en las que puede confiar y utilizar para administrar sus finanzas e incrementar su fortuna.

UTILICE LAS CUENTAS DE BANCO
PARA ALCANZAR SUS METAS

Una vez que ha establecido unas metas financieras, las cuentas bancarias le ofrecen una manera muy útil de administrar e incrementar su dinero. Así que no lo dude. Si aún no ha abierto una cuenta bancaria, hágalo. Si ya tiene una, aprenda todas las maneras de incrementar sus ahorros diversificando los tipos de cuenta que utiliza. Con el transcurso del tiempo, los ingresos extra se irán acumulando, y esto es importante cuando se trata de alcanzar sus metas.

17

▼

El poder de los préstamos

¿Son malas las deudas? Parece una pregunta capciosa, ¿verdad? Veamos.

La mayoría de la gente que proviene de Latinoamérica trae consigo la idea de que las deudas son malas. Yo recuerdo a mi abuelito decir que era muy malo deber dinero. Cuando hago memoria, sus comentarios me parecen muy irónicos dado que fue uno de los fundadores y fungió como presidente de la junta directiva de Bancomer en Tamaulipas, uno de los dos mayores bancos del país. Pero ese contraste es un reflejo de los sentimientos opuestos que muchos de nosotros tenemos cuando de deudas se trata.

El esposo de mi amiga Lucy, el Sr. Castillo, tiene la firme convicción de que la deuda es la personificación del Mal.

Mientras que a Lucy le encantaría contar con más tarjetas de crédito y divertirse efectuando compras, él tira a la basura las incontables ofertas de tarjetas de crédito que le llegan por correo.

¿Tiene razón? ¿Es malo tener deudas? ¿Deberíamos todos hacer lo mismo y tirar a la basura todas esas ofertas que recibimos por correo?

Como la mayoría de las cosas en esta vida, la deuda es un tema muy complejo. Existen muchos tipos diferentes de deudas, y yo creo que dependiendo del tipo de la deuda en cuestión, ésta puede ser buena o mala.

LA NATURALEZA DE LA DEUDA

Las razones por las cuales solicitamos préstamos y la manera en que las adquirimos determinan si nuestra deuda es positiva o negativa. En general, hay tres tipos de deudas:

1 El hoyo negro
2 Acumula fortuna
3 Incrementa el potencial de ingresos

El hoyo negro

El «hoyo negro» es el tipo de deuda que yo ciertamente considero mala. Es muy atrayente, usted disfruta por un breve instante, pero a la larga lo único que le queda es la deuda y tal vez algunos alegres recuerdos de su derroche. Este tipo de deuda es muy difícil de eliminar porque las tasas de interés son generalmente muy altas. El valor de lo que usted compra con este tipo de deuda se evapora inmediatamente o se devalúa con rapidez. Las cosas que yo clasificaría como deudas de este tipo son: la mayoría de las tarjetas de crédito, préstamos para la compra de un auto y ciertos tipos de préstamos personales.

Para darle un ejemplo: Rosy, una amiga de mi esposa, mientras asistía a la universidad hace unos años, recibió docenas y docenas de ofertas de tarjetas de crédito por correo.

Rosy sucumbió a la tentación porque por primera vez en su vida era independiente. Tenía libertad para hacer lo que quería. Pero como no ganaba mucho dinero en su empleo a tiempo parcial, disponía de muy poco dinero para gastar y no podía alternar con algunos de los estudiantes que recibían más ayuda financiera de sus padres. Las ofertas de crédito que se amontonaban en su escritorio eran irresistibles. Algunas probablemente le ofrecían que no tenía que efectuar pago alguno durante los primeros meses. Otras ofrecían engañosamente bajas tasas de interés. Así que obtuvo una. Estaba tan emocionada, que probablemente no puso atención en las cuotas o a las tasas de interés a largo plazo. ¡Tenía una tarjeta de crédito! Era divertido. Le hacía sentir importante, como si hubiese alcanzado un nuevo nivel de éxito. ¡Una cena elegante por aquí, una fiesta por allá, guardarropa nuevo! Muy pronto su tarjeta estaba "al tope". Había llegado al límite de su crédito.

La mayoría de las tarjetas de crédito que se ofrecen a las personas que carecen de un historial crediticio tienen muy bajo límite de crédito y muy altas cuotas y tasas de interés. De esta forma, las compañías de estas tarjetas minimizan sus riesgos mientras que maximizan sus ganancias.

¿Qué hizo Rosy a continuación? Pues obtuvo otra tarjeta, y otra más. La pobre muy pronto estaba hasta la coronilla en deuda con altos intereses. Obtenía una tarjeta de crédito para hacer los pagos de los intereses de las otras tarjetas, y en el proceso, se hundía cada vez más en el hoyo negro de la deuda.

Como podrá observar, este tipo de deuda no le hace ningún bien, y es muy fácil caer en ella cuando se le brinda por primera vez la oportunidad de tener acceso al crédito. Puede parecer que el crédito se obtiene fácilmente, pero se paga a un precio muy alto. Las bajas tasas de introducción que muchas tarjetas ofrecen van seguidas de alarmantes tasas de interés en los meses siguientes. Los pagos pequeños o inexistentes de los primeros meses son a menudo nubes de humo que esconden altas cuotas y tasas de interés, y al final, lo único que le queda a usted es la deuda.

Lo que es peor, si empieza a tener problemas para efectuar sus pagos, termina pagando aún más cuotas por efectuar sus pagos tarde. Y si su historial crediticio sufre como resultado de esto, tendrá mayor dificultad para obtener crédito en el futuro y ¡el que obtenga será a tasas de interés aún más altas!

Este tipo de deuda es muy malo, y el Sr. Castillo tiene mucha razón en tirar esas ofertas a la basura.

Acumula fortuna

Otro tipo de deuda más constructivo, es el que le ayuda a acumular fortuna. El ejemplo más común es la deuda que usted adquiere al comprar una casa. Los estudios demuestran que la compra de una casa es la inversión más grande que la mayoría de los americanos hacen en su vida, y tiende a ser una de las maneras más efectivas de hacer fortuna e invertir en un activo fijo que además puede disfrutar.

A diferencia de los autos y la ropa, las propiedades por regla general suben de valor con el tiempo. Y como a los préstamos hipotecarios generalmente se les aplican algunas de las más bajas tasas de interés, es posible que el incremento de valor de su propiedad con el tiempo sea mayor que los intereses que usted paga. Esta dinámica es lo que hace que invertir en una casa sea provechoso.

A medida que va pagando su casa, va adquiriendo capital. El valor de la casa se puede utilizar para obtener futuro financiamiento a una tasa de interés muy favorable, para hacer mejoras, satisfacer necesidades personales, para iniciativas de negocios, o puede simplemente dejar que ese valor se vaya incrementando con el tiempo. De cualquier forma usted está ahorrando, guardando dinero mientras disfruta de la propiedad, y la verdad es que una casa se disfruta mucho más que un certificado de depósito porque es parte del sueño americano. En muchos países, es muy raro tener una casa propia. Aquí, es la norma. Y cuando la mayoría de los matrimonios alcanzan la edad de jubilarse, su casa es generalmente su activo más valioso, y es prueba fehaciente de su ardua labor y de una sabia administración de sus ingresos. En este sentido, este tipo de deuda sirve para acumular fortuna y dista mucho de ser mala.

Incrementa el potencial de ingresos

Por último, ¡mi tipo favorito de deuda! Dios sabe que estoy bastante familiarizado con ella. Hay un tercer tipo de préstamo que se solicita por el deseo de incrementar el potencial de ingresos. Este tipo de deuda incluye los préstamos para estudiantes y los préstamos comerciales.

La idea es que si puede obtener un préstamo a una tasa de interés suficientemente baja para utilizarlo en incrementar su capacidad de ganar dinero, el rédito de inversión de esos fondos puede ser mayor que el interés que tenga que pagar.

Los préstamos para estudiantes son un ejemplo perfecto. Cuando yo terminé mis estudios de posgrado, debía casi $40.000 en préstamos para estudiantes, pero nunca dudé del valor de esa inversión. Estaba pidiendo un préstamo para invertir en mi futuro, y al mismo tiempo logré dos cosas: 1) Me preparé mentalmente para contribuir a la sociedad y ganarme la vida y 2) Obtuve dos títulos muy valiosos y redituables: una Licenciatura de la Universidad de Harvard y una Maestría en Política Pública de la Escuela Kennedy de Gobierno de la misma Universidad. ¿Valía la pena adquirir una deuda de $40.000 por esos títulos? Desde el punto de vista meramente intelectual, yo sentía que sí, y las oportunidades que me brindó para viajar y conocer gente de todas partes del mundo son de un valor incalculable. Pero además, mi potencial para generar ingresos se incrementó considerablemente. Dentro de muy poco tiempo habré pagado el total de mi deuda, y mi educación y mis títulos van a durarme toda la vida. Las habilidades que adquirí y la confianza que hoy mis clientes depositan en mí ciertamente valen mucho más que $40.000.

Otro ejemplo de este tipo de deuda es un préstamo comercial. Tengo un amigo que se llama Vicente, y hace unos años se inició como jardinero. Al principio, trabajaba solo, pero a medida que tenía más y más jardines que arreglar, fue haciéndose de una cuadrilla de ayudantes y adquiriendo equipo. Compró un camión grande y un remolque para transportar el equipo. Mandó imprimir tarjetas de presentación. Sus clientes fueron aumentando. En la actualidad, Vicente ya no puede aceptar más trabajo. Su cuadrilla trabaja seis días a la semana y utiliza el equipo todo el tiempo; además Vicente ha tenido que rechazar clientes nuevos que tienen el potencial de generar aún mayores ingresos. Para poder incrementar su capacidad, necesita otro camión, otro remolque, más equipo y más empleados para formar una segunda cuadrilla, pero para esto se necesita más capital del que tiene actualmente. ¿Por qué? Bueno, pues porque ha invertido todo su dinero extra. Porque inscribió a sus hijos en una escuela privada. Porque compró una casa para su familia. Podría sacrificar todo eso, pero sería muy duro para él porque trabajó arduamente para lograrlo, o podría obtener un buen préstamo comercial. Con un préstamo a una tasa de interés razonable, Vicente podría comprar el equipo que necesita y contratar una nueva cuadrilla. Si la tasa es suficientemente baja, puede ganar lo que pidió prestado, pagar el interés del préstamo y todavía tener beneficios.

Claro que estos ejemplos dependen de las matemáticas. Tiene que estar seguro de los números y de que la inversión que va a realizar le pagará réditos suficientes para salir de la deuda con beneficios. En este caso, es una buena deuda para usted, especialmente si su sueño es crecer. Este tipo de préstamo incrementa su potencial para generar ingresos, y a mi modo de ver, ¡eso no tiene nada de malo!

FACTORES QUE IMPACTAN LA CAPACIDAD PARA OBTENER PRÉSTAMOS

Existen varios factores que impactan su capacidad para obtener préstamos a una tasa favorable de interés. Y esto a su vez determina si usted está en buena posición para incurrir en deuda que incremente su potencial de ingresos o le ayude a acumular fortuna.

El historial crediticio: cómo se obtiene, qué es, y cómo puede mejorarlo

El factor principal es el historial crediticio. El historial crediticio es el conjunto de datos que reflejan sus deudas y su historial de pagos. Aunque usted no lo crea, su historial crediticio reside en dos o tres computadoras enormes a las que tienen acceso miles de potenciales acreedores. Cada vez que usted solicita una nueva tarjeta de crédito, un incremento en el límite de crédito de una de sus tarjetas o un nuevo préstamo, el presunto acreedor busca su historial crediticio. Puede ver si usted ha dejado de efectuar algún pago durante los últimos años. Puede ver si siempre paga sus cuentas a tiempo. El historial le dirá quienes son sus acreedores, qué cantidad debe, cuándo obtuvo el préstamo, cuánto ha pagado sobre el préstamo, cuántos pagos le faltan, etc. Asimismo, usted estará bajo una clasificación de acuerdo a su comportamiento económico, que también aparece en su historial. Es como si le otorgaran una calificación. Si su clasificación de crédito es muy alta, es muy probable que le aprueben el préstamo a una tasa de interés razonable. Si su clasificación es baja, se le negará el préstamo o se le ofrecerá el financiamiento a una tasa de interés más alta.

Debido a la gran importancia del historial crediticio, yo le sugiero que lo conozca, lo estudie y trate de mejorarlo o mantenerlo tan limpio y perfecto como sea posible.

Para ello, su primer paso debe ser obtener una copia. Usted tiene derecho a obtener una de forma gratuita. Después de la primera vez, habrá un costo. Si le negaron un crédito, también tiene derecho a obtener una copia gratuita del reporte que utilizaron, y para obtenerlo sólo tiene que enviar una copia de la carta de rechazo que recibió a la oficina de crédito (credit bureau), que normalmente aparece en el texto de la carta. Las principales oficinas de crédito están enumeradas en el directorio que aparece al final de este libro. Además, usted puede obtener y revisar su historial en línea.

Una vez que obtiene el historial, puede identificar aquellos factores negativos que le impiden obtener crédito o lo hacen muy costoso.

El siguiente paso es formular un plan para convertir esos factores negativos en positivos. Averigüe por qué tiene problemas con los acreedores. ¿Tiene el dinero, pero siempre hace sus pagos tarde por desorganizado? Si ésta es la razón, le conviene hacer los arreglos necesarios para que sus pagos se hagan automáticamente de su cuenta de banco. ¿Tal vez los pagos mensuales son más altos de lo que usted puede pagar? En ese caso, podría negociar con sus acreedores para reducir estos pagos a un nivel que sí pueda cumplir con regularidad.

Hable con sus acreedores. La mayoría de ellos estarán dispuestos a colaborar con usted para ayudarle a salir de sus deudas y mejorar su historial crediticio, lo cual es provechoso tanto para ellos como para usted.

Y finalmente, tenga cuidado con los errores en su historial. No sería usted la primera persona perjudicada por un historial equivocado. Cuando yo estaba en la universidad, constantemente tenía problemas debido a que datos de personas que llevan mi mismo nombre aparecían en mi historial. Año tras año tenía que pasar por un proceso de apelación para que retiraran de mi historial esos datos y poder obtener aprobación para mi préstamo de estudiante, ¡y cada año volvían a aparecer esos datos en mi historial! Todas las oficinas de crédito cuentan con procesos de apelación que usted puede utilizar para reivindicar su buen nombre en estos casos.

Al final, usted se alegrará de entender y mejorar su historial. Le puede ayudar brindándole acceso a los tipos buenos de deuda que hemos discutido y a reducir el costo del tipo malo de deudas que es tan difícil evitar.

Los activos

Un segundo factor es el nivel de los activos. Sus activos son las cosas tangibles que usted posee, como el valor de su casa, autos y equipo. Si tiene una cantidad importante de activos, puede utilizarlos como colateral para obtener crédito. El colateral es algo que el banco utiliza para garantizar un préstamo. Lo que esto significa es que si usted no pudiese pagar el préstamo, el banco tomaría posesión de su colateral para recuperar lo que invirtieron en usted. Obviamente, mientras más activos posea, mayor acceso a crédito tendrá. Además, los préstamos garantizados pueden ser utilizados para generar tasas de interés más bajas debido a que el riesgo del banco está amortizado por la existencia de un colateral tangible.

Los ingresos

Un tercer factor son los ingresos actuales. Si usted es propietario de un negocio, esto se relaciona directamente con los ingresos y utilidades de su empresa. Si usted no es empresario, entonces esto se relaciona con el ingreso total que usted genera a través de su sueldo y otros ingresos adicionales. Una persona que no cuenta con activos pero con altos ingresos puede ser aprobado más fácilmente para ciertos tipos de créditos que una persona con muchos activos pero sin ingresos. Claro que si usted tiene activos y altos ingresos, puede estar seguro de obtener crédito. En ocasiones, los ingresos de su empresa pueden ser utilizados para obtener una línea de crédito para su negocio, y esto es algo que discutiré a continuación. La idea es que si su empresa genera una suma consistente de flujo de capital, es muy probable que pueda costearse un nivel de crédito para ayudarle a crecer y a resolver un déficit temporal de flujo de capital cuando llegase a ocurrir.

Deuda actual

Un cuarto factor es la deuda actual. Si usted ya carga con una deuda considerable, es más difícil agregar deuda adicional. Las razones son obvias. Por supuesto que la combinación de deuda es también relevante. Si la mayor parte de su deuda se compone de préstamos de estudiante a una tasa de interés baja, probablemente no le afecte de manera negativa. Pero si la mayor parte de su deuda es de tarjetas de crédito a una tasa de interés muy elevada, entonces es mucho más probable que tenga bastante dificultad para obtener un préstamo adicional.

DIVERSOS TIPOS DE CRÉDITOS Y PRÉSTAMOS: CÓMO SOLICITARLOS Y ADMINISTRARLOS

Como mencioné anteriormente, hay diversos tipos de créditos y préstamos. Algunos son más favorables que otros. Eso no significa necesariamente que deba o pueda evitarlos. Solamente significa que usted debe considerar tanto los factores positivos como los negativos para intentar equilibrarlos.

A continuación un breve repaso de los tipos más comunes de financiamiento y cómo sugiero que los utilice y administre:

1. Tarjetas de crédito

No todas las tarjetas de crédito son malas. Y probablemente usted esté pensando que me estoy volviendo loco porque anteriormente las asocié con la deuda de tipo «hoyo negro». Esto puede ser verdad, pero la realidad es que las tarjetas de crédito son un mal necesario, son muy convenientes y pueden a veces ayudarle a salir de un apuro. Pero utilice las que tengan las más bajas tasas de interés posible, también considere las tarjetas como American Express. Estas tarjetas no le cobran intereses si usted paga el saldo total al final de cada ciclo mensual de facturación. Antes de aceptar cualquier tarjeta de crédito que le ofrezcan, haga una comparación de las cuotas y las tasas de interés. Ponga especial atención en esas cuotas porque con frecuencia son utilizadas para compensar las aparentemente bajas tasas de interés. Si usted tiene la oportunidad de transferir una deuda de tarjeta de crédito con altas tasas de interés, a una tarjeta de bajo interés, hágalo. Y si tiene oportunidad de consolidar su deuda de tarjeta de crédito a través de un préstamo personal de bajo interés, hágalo también. La idea es irse liberando de la deuda de alto interés, cambiando a préstamos de bajo interés siempre que sea posible. Siempre pague la deuda de alto interés primero, y luego la de bajo interés. A la larga, ahorrará dinero.

2. Préstamos para la compra de automóviles

Hay una gran variedad de opciones para el financiamiento de sus vehículos. Las personas que cuentan con un limpio historial de crédito pueden obtener tasas de interés muy atractivas. En el otoño de 2001, la mayoría de los principales fabricantes de autos ofrecían una tasa del 0%. En el momento en que escribo esto, los intereses que ofrecen esos mismos fabricantes tiene un rango que va del 0% al 5%. Si usted no cuenta con un buen historial de crédito, aún puede ser aprobado para un préstamo. La mayoría de las agencias distribuidoras de automóviles ofrecen lo que se conoce como financiamiento de "segunda oportunidad". Algunas agencias hasta se especializan en este tipo de financiamiento. Naturalmente, la tasa de interés será más alta de acuerdo al riesgo que el acreedor asuma. Sin embargo, este tipo de financiamiento puede ser útil para obtener un vehículo indispensable y para rehabilitar su crédito. Si usted se encuentra en esta situación, podría mejorar su clasificación de crédito después de un determinado período de tiempo efectuando sus pagos a tiempo. Después de un par de años, podría cambiar su coche y obtener un nuevo financiamiento a una tasa de interés menor. Hay algunos riesgos que debe conocer. Primero: en ocasiones la agencia tiene un incentivo para llevarle hacia un financiamiento de alto interés aún cuando usted pudiese ser aprobado para un trato mejor. Ésta es una de las razones por las cuales usted debe comparar. Hable con varias agencias distribuidoras para averiguar qué tipo de financiamiento le ofrecen. Busque en Internet para conocer las tasas actuales. Yo conozco personas que no tienen un historial perfecto y aún así han logrado conseguir financiamiento al 2.9%. También ayuda que la agencia tenga necesidad de efectuar la venta. Cuando la economía está lenta, usted obtiene mucho mejor financiamiento. Cuando mi madre necesitó un auto nuevo, yo busqué en Internet para conocer las tasas actuales y las ofertas existentes de vehículos Honda, porque a ella le encantaba el Honda Civic. Aprendí que para las personas con un buen historial de crédito, la compañía Honda ofrecía financiamiento al 5%. Cuando mi madre visitó la agencia, la primera oferta de financiamiento que le hicieron fue del 6.5%. Yo de inmediato les hice saber lo que había aprendido en línea. El oficial de financiamiento presionó unas cuantas teclas en el tablero de su computadora y dijo: «¡Ah, sí! Disculpe, sí podemos ofrecerle el 5%!». Éste es un ejemplo clásico de la importancia de contar con la mayor información posible. La Internet es un recurso maravilloso en la compra de un auto. En sitios como www.edmunds.com usted puede averiguar el justo valor del vehículo que le interesa. Puede aprender cuánto le cuestan los autos a las agencias y cuáles son las tasas de financiamiento aceptables. Puede comparar distintos modelos, y hasta puede obtener cotizaciones y ofertas de agencias de automóviles y de compañías de financiamiento. Muchos expertos recomiendan contar con una opción de financiamiento al visitar la agencia de automóviles. Esto puede obtenerse a través del banco o de Internet. Así puede comparar y optar por el financiamiento que le ofrezca la agencia si ésa es la mejor opción. Los autos se deprecian con gran rapidez. A partir del momento en que usted conduce el auto fuera de la agencia, el valor del mismo se reduce enormemente. Por esta razón, muchos expertos financieros recomiendan comprar autos usados. Hoy en día, muchos fabricantes ofrecen autos usados certificados y con garantía. Si yo fuese a comprar un auto usado hoy tomaría en cuenta esa opción. Mi último consejo sobre el tema de la compra de autos es que compre solamente lo que necesita, especialmente si la tasa de interés es alta. No le conviene quedarse con un vehículo que realmente no necesita y que pierde valor a pasos agigantados mientras que sigue pagando unos intereses exorbitantes. Mi abuelito, por ejemplo, siempre traía autos viejos. Nunca en su vida se compró un automóvil último modelo aunque tenía el dinero suficiente.

Generalmente compraba autos usados que habían sido recuperados por el banco. De esta forma, adquiría un automóvil relativamente nuevo, con muy poco millaje, a un precio de ganga y con un interés bajo porque lo que al banco le interesaba era deshacerse del auto con la mayor brevedad posible. Nunca condujo un auto elegante. No tenía necesidad de ello. Él sabía quién era y lo que valía. Así que siga el ejemplo de mi abuelito y no compre más de lo que necesita. No piense que el auto es un símbolo de éxito en la vida. No vale la pena tirar dinero al hoyo negro.

3. Préstamos personales

Por lo regular usted puede obtener un préstamo personal a través de su banco. Necesitará contar con un historial crediticio excelente o un colateral suficiente para garantizar el préstamo. Si cuenta con uno o ambos de estos requisitos, podrá obtener una tasa de interés favorable. Los préstamos personales se utilizan para una serie de cosas que van desde emergencias médicas hasta vacaciones y/o para consolidar deudas. Las formas que debe llenar para solicitar un préstamo personal las puede obtener en el mismo banco. Si su historial no es excelente, piense en lo que podría utilizar como colateral. ¿Posee usted algo de valor que el banco pudiese aceptar como garantía para el préstamo? La forma más común de colateral es dinero que tenga invertido a largo plazo, en certificados de depósito, bonos o acciones. Si no cuenta con colateral que el banco pueda aceptar, entonces puede necesitar una persona que firme por usted. Esta persona debe ser alguien que cuente con colateral suficiente y/o con un historial excelente y que pague el préstamo en caso de que usted no pueda hacerlo.

4. Préstamos para estudiantes

Los préstamos para estudiantes se ofrecen a aquellas personas que estén inscritas en una universidad acreditada. Hay diferentes tipos de préstamos. La mayoría están garantizados por el gobierno federal o por una agencia de financiamiento, como por ejemplo, Sallie Mae. Cuando los estudiantes solicitan admisión a la universidad, deben también llenar una solicitud para ayuda financiera. Cada universidad cuenta con su propia forma. Además, deben llenar la Forma para Obtener Ayuda Federal FAFSA (*Free Application for Federal Student Aid*) o por sus siglas en inglés que contiene. Esta forma se envía al gobierno federal y sobre la base de la información el gobierno determina qué tipo de beca, donación o préstamo es el adecuado acorde a las necesidades de la persona. Como los préstamos están garantizados por el gobierno federal, las tasas de interés son muy bajas. Mientras usted esté estudiando tiempo completo, no tiene que empezar a pagar su préstamo. Una vez que deja la escuela, se le concede un período de gracia de seis meses antes de empezar a pagar su deuda y aun después de este tiempo, si todavía anda en busca de empleo, o enfrenta serias dificultades económicas, puede solicitar una extensión del período de gracia. Yo quiero decirle a todo aquel que piensa que todas las deudas son malas: ¡los préstamos para estudiantes son una deuda muy buena! El Sr. Castillo, por ejemplo, tiene serias reservas acerca de permitir a sus hijos solicitar préstamos para asistir a la universidad. Desdichadamente, a pesar de todo lo que Lucy y su marido trabajan, no creo que puedan pagar el costo de la universidad para cuatro hijos. Tendrán que ajustar su modo de pensar a lo que es usual en este país en relación al financiamiento de la educación superior. El sistema que permite que los préstamos para estudiantes sean tan accesibles es uno de los más claros ejemplos del compromiso de este país de garantizar que todos los ciudadanos tengan igualdad de oportunidades para progresar. Los préstamos para estudiantes fueron de gran ayuda para mí. De no haber sido por ellos, no habría podido asistir a la Universidad de Harvard. Mientras estudiaba ahí, aprendí que más del 70% del alumnado contaba con ayuda financiera. Desde entonces, muchas veces he escuchado a personas decir que no solicitaron admisión a Harvard por creer que no podrían pagar el coste. Pero la realidad es que si una universidad lo acepta, generalmente también lo ayuda a obtener la ayuda financiera que necesita. En mi caso, la ayuda fue un paquete que combinaba becas, donaciones, empleos, préstamos para estudiantes, y contribuciones de mis padres. La oficina de ayuda financiera de la universidad determina lo que los padres pueden contribuir y se aseguran de obtener el resto de una forma u otra. Así que si existe una escuela o un título con el que sus hijos sueñan, no vea los obstáculos, vea las posibilidades. Este tipo de deuda es muy bueno. Usted sólo tiene que sacrificarse un poco después de la graduación para poder pagarla.

5. Préstamos hipotecarios

En Estados Unidos casi nadie compra una casa de contado. Primero, porque el costo sería prohibitivo para la mayoría. Segundo, porque las tasas de interés son muy altas. Las personas que van a comprar una casa por primera vez pueden ser aprobadas para tipos especiales de financiamiento, garantizados por agencias como Fannie Mae o Freddie Mac. Estas organizaciones están colaborando con acreedores (como Countrywide) y grupos comunitarios (como el NCLR) para poner el sueño americano de poseer una casa al alcance de todos. Cuando usted esté considerando comprar una casa, su agente de bienes raíces le puede poner en contacto con un corredor de hipotecas. Los corredores de hipotecas le ayudan a encontrar el mejor financiamiento posible en la compra de su casa. Claro está que tendrá que cubrir los honorarios de estos expertos, pero a cambio éstos estarán en posición de encontrar un financiamiento mucho mejor que el que la persona promedio puede lograr. Si bien es cierto que el proceso de comprar una casa puede resultar confuso y lleno de tensiones, no se desanime ni piense que no puede lograrlo por falta de financiamiento. Póngase en contacto con las organizaciones que enumero al final de este libro para que le ayuden a obtener el financiamiento que necesita. Cuando mi esposa Heather y yo encontramos nuestra casa, no podíamos creer que fuésemos tan afortunados. Nuestro agente de bienes raíces nos puso en contacto con un corredor de hipotecas que obtuvo para nosotros una buena opción de financiamiento, y cuando nuestra hija Paloma nació, pudimos traerla a casa al sitio que habíamos soñado. Una cosa que hicimos y que le recomiendo hacer es dar un anticipo importante. Una cantidad substancial le deja con un saldo menor en su préstamo, reduce sus pagos mensuales, y hasta es posible que le dé interés menor. Algunas veces, si su historial crediticio no es el mejor, pueden requerirle pagar un 20% de adelanto. De otra manera, suele ser suficiente de un 10% a un 15%. Al igual que con la mayoría de las cosas, el mayor obstáculo para poseer una casa es nuestro propio temor o ignorancia. Yo le recomiendo que investigue sus opciones, y compare para asegurarse de obtener la mejor tasa de interés posible. Investigue cuál es el promedio. Puede hacerlo en línea o en la sección financiera de su periódico, y asegúrese de no pagar más de lo que sea justo.

6. Créditos de capital hipotecario

Una vez que es propietario de su casa, el valor que posee puede ser usado como colateral. Por ejemplo, si compra una casa que vale $100.000 y da un anticipo del 20%, es propietario de $20.000 correspondientes al valor de su casa. Puede acudir a su financiera o banco y solicitar un crédito de capital hipotecario utilizando ese valor como colateral. Es una buena opción que vale la pena tener en mente para una emergencia, para iniciar un negocio, o para hacer mejoras a su casa. La mayoría de los préstamos hipotecarios se utilizan para eso, para hacer mejoras a su casa. Tiene sentido porque el dinero que usted obtiene sirve para incrementar el valor de su casa. Es muy posible que si obtiene un crédito hipotecario de $10.000 para agregar un cuarto a la casa, el valor de ésta se incremente por esa cantidad o más, y de esta manera, el porcentaje que posee de la casa no se reduce sino que, por el contrario, puede incrementarse. Por esta razón, los créditos de capital hipotecario son una buena oportunidad de incrementar el valor de su activo más preciado a un bajo interés.

7. Líneas de crédito y préstamos comerciales

Si usted es empresario, puede llegar el día en que desee hacer una solicitud de financiamiento. Como discutí anteriormente, este tipo de financiamiento puede incrementar su capacidad para generar ingresos. Una vez que ha establecido una relación con su banco, es posible solicitar un préstamo, una línea de crédito o ambas cosas a la vez. Puede utilizar su empresa como colateral, o tal vez ser aprobado sin colateral si su historial crediticio es lo suficientemente bueno. Otro factor que puede serle útil son los ingresos de su empresa. Si lleva un buen historial de éstos, y prepara un estado financiero que muestre sus ingresos y utilidades, es posible que el banco le autorice una línea de crédito sobre la base de ese estado financiero. Mientras que un préstamo comercial le ofrece una suma de dinero en una sola partida y para un uso específico, la línea de crédito funciona de manera diferente. Si es aprobado para una línea de crédito, esto significa que tiene acceso a una cantidad determinada, pero el dinero se queda en el banco. Usted va retirando los fondos a medida que los necesita y los va pagando según su conveniencia; solamente paga interés por el tiempo en que utiliza los fondos. Una línea de crédito es una magnífica manera de protegerse contra inesperadas faltas de liquidez en su empresa. Los financiamientos de la SBA (*Small Business Administration*, o Administración de Empresas Pequeñas, por sus siglas en inglés) son otra manera muy atractiva de hacer crecer su negocio. Esta rama del gobierno federal garantiza pequeños préstamos comerciales concedidos por instituciones de crédito, como bancos y financieras. Con la garantía de la SBA, los acreedores pueden hacer el crédito accesible a las pequeñas empresas sin mucho riesgo, y por ello estos préstamos pueden concederse a una baja tasa de interés. Los préstamos de la SBA son típicamente utilizados para adquirir propiedades y equipo y para contratar personal.

Hay organizaciones, conocidas como compañías de desarrollo, que se especializan en preparar paquetes de préstamos

SBA para pequeñas empresas. Estas compañías administran el programa 504 de la SBA y colaboran con prestamistas y prestatarios para lograr contratos satisfactorios. Las compañías de desarrollo dan servicio a regiones específicas. Para obtener una lista de estas compañías, visite la página de Internet de la Asociación Nacional de Compañías de Desarrollo (*National Association of Development Companies*), o www.nadco.org. Localice la compañía de desarrollo que corresponde a su región y comuníquese con ellos para obtener mayor información, o pregunte en su banco acerca de este programa. Estos tipos de deudas le ayudan a ampliar su negocio y le protegen de momentáneas e inesperadas faltas de liquidez. Además, le colocan en una posición de flexibilidad que le permite sacar provecho de las oportunidades que pudiesen presentarse. Por ejemplo, usted podría toparse con una gran oferta en un equipo que le incrementaría la capacidad para generar ingresos, pero si no tiene el dinero a la mano y no cuenta con una línea de crédito ni tiene acceso a un préstamo comercial, tendría que dejarla pasar. Es fácil crecer si se cuenta con financiamiento.

SOSTENER UN EQUILIBRIO SALUDABLE

Si usted puede sostener un equilibrio saludable, el uso inteligente de las opciones de financiamiento le puede ayudar a lograr una mejor calidad de vida, acumular riqueza incrementar su potencial de ingresos. Cuando el Sr. Castillo le dijo a Lucy que las deudas eran malas, ella le respondió: "En México, las deudas son malas y ¡aquí en los Estados Unidos son buenas! Aquí no eres nadie si no le debes a alguien». Sabias palabras. Pero tenga cuidado de a quién le debe, cuánto le debe, qué beneficio obtiene de esa deuda, y cuánto le está costando. Si administra correctamente esos factores, la deuda puede ayudarle a crecer. Hasta puede ayudarle a salir adelante. Pero aléjese del hoyo negro.

18

▼

Establezca prioridades
para su dinero

Una vez que adquiera un buen entendimiento de los recursos y herramientas a su disposición, es importante elaborar al menos un plan sencillo para guiar su crecimiento económico.

Un plan financiero le ayuda a establecer prioridades para su dinero. Hay que tomar una decisión cada vez que se va a gastar dinero en algo. La realidad es que hay muchas cosas buenas en las cuales podemos gastar nuestro dinero: libros, autos, ropa, una nueva lavadora de platos, un curso en el colegio comunitario, equipo para hacer ejercicio, una nueva computadora, etc. La lista no tiene fin. Si toma decisiones impulsado por el momento y según el estado de ánimo, es muy difícil poder ahorrar, y los ahorros son fundamentales para alcanzar la meta. Al formular un plan, lo que está haciendo es establecer prioridades. ¿Qué es más importante, su sueño de contar con su propia empresa, enviar a sus hijos a la universidad, o hacerle una maravillosa fiesta de quince años a su hija? Éstas son decisiones difíciles porque ponen en conflicto su mente y su corazón. Usted es el único que puede decidir finalmente cuál será la respuesta correcta, pero un plan y una lista de prioridades le permite contar con un mapa para orientarse. De esta forma puede detenerse ante cada decisión de compra, estudiar sus prioridades y decidir: «¿Adónde quiero que vaya a dar este dinero? ¿Realmente necesito esta motocicleta? ¿Me va a ayudar a alcanzar mis metas?». Si su meta es llegar a ser un campeón de carreras de motos, la respuesta puede ser afirmativa. Por lo menos, este proceso de analizar y establecer prioridades le podrá ayudar a evitar decisiones irracionales en gastos mayores que pueden desviarle de su meta principal.

ECONOMÍA FAMILIAR Y AHORROS PARA EL FUTURO

Una vez establecidas sus prioridades económicas, mi segundo consejo es que las comparta con su familia. He notado con frecuencia que en nuestra cultura se considera inapropiado discutir la economía familiar con los niños. En las familias más tradicionalistas, los maridos ni siquiera discuten estos asuntos con sus esposas. Yo bien lo sé, porque crecí en una de esas familias. En mi opinión, esta actitud hace mucho daño. Mientras que en la mayoría de las familias anglosajonas los padres discuten las finanzas abiertamente, explicando conceptos importantes acerca del dinero, los ahorros, las inversiones y la planificación a largo plazo con sus hijos y entre los esposos, los niños latinos salen al mundo sin tener la menor idea de cómo administrar sus ingresos. Yo creo que soy un perfecto ejemplo de esto. Mis padres se aseguraron de darme una buena educación, pero tuve que aprender a la brava cómo administrar mis finanzas. Este período de aprendizaje me llevó varios años, y ahora podría estar mucho más encaminado hacia mis metas de haber empezado diez años antes.

Un aspecto que mis padres descuidaron fue ahorrar para mi educación superior. Siempre se dio por hecho que asistiría a la universidad, pero no se planeó cómo cubrir el costo de la educación. Llegado el momento, mi familia se vio bastante apurada para ayudarme a cubrir los costos, especialmente cuando fui aceptado en Harvard y tuve que mudarme a la ciudad de Boston, donde el costo de vida es mucho más alto que en Texas. He conocido a muchos latinos que contaban con suficientes méritos académicos para ser aceptados en las mejores universidades, pero que no pudieron aprovechar esta increíble oportunidad por el enorme impacto que esto implicaría para la economía familiar.

Si bien es cierto que mis padres no tuvieron la visión de planear cómo cubrirían el costo de mi educación, no dudaron en sacrificar su estilo de vida para ayudarme a sufragar los gastos de mi carrera educativa. No fue nada fácil, pero lo hicieron. Primero por mí y, unos años mas tarde, por mi hermano menor, que también les dio la agradable, si bien costosa, sorpresa de haber sido aceptado en Harvard.

No puedo recalcar lo suficiente mi recomendación de planear para la educación superior de sus hijos. Aproveche y hágales partícipes del proceso de planificación. Es una excelente forma de enseñarles la importancia del ahorro y las herramientas que existen para facilitar el proceso. Aproveche también el ahorro para la educación superior como una manera de motivar a sus hijos. Si ellos pueden visualizar sus sueños y esperanzas como una realidad inevitable e inmediata, ¡la expectativa se cumplirá!

Existen diversas y muy útiles herramientas para encaminarse. Muchos inversionistas creen que si usted sabe invertir bien, obtendrá mayores rendimientos colocando sus ahorros en bonos y acciones. El Ministerio de Hacienda y Crédito Público (*Internal Revenue Service*) ofrece el Fondo 529, que permite a su inversión crecer libre de impuestos con la sola condición de que esos fondos se utilicen exclusivamente para sufragar el costo de la educación superior de sus hijos. Finalmente, como ya mencioné en la sección referente a la educación, los 50 estados de la nación han desarrollado planes de ahorro para costos académicos. Al final del libro encontrará una lista de estos programas e información sobre dónde y cómo localizarlos. Estos programas son una forma fácil y excelente de ahorrar para la educación, y son también, naturalmente, la forma más efectiva de pagar los costos académicos de las instituciones públicas de educación superior en el mismo estado.

No existe ninguna razón válida de esperar a que sus hijos estén en edad de asistir a la universidad para enseñarles las finanzas. De hecho, para que estos programas de ahorro sean efectivos, usted debe familiarizarlos con el tema cuando sus hijos son pequeños. Puede enseñarles cómo administrar el dinero no solamente a través de una charla, sino haciendo uso de una combinación de recursos, desde el tradicional cochinito de alcancía hasta la gran variedad de interesantes juegos que puede conseguir en centros educativos y jugueterías. Los juegos como PayDay, Life y Monopoly me hicieron comprender desde niño la importancia de acumular fortuna y de los retos que hay que enfrentar para lograrlo. En la actualidad existe una gran variedad de juegos y ejercicios educativos que de una manera divertida imparten a sus hijos lecciones muy valiosas que les serán de gran utilidad en el futuro.

Así que por favor siga mi consejo y comparta sus conocimientos sobre asuntos económicos con sus familiares. Salir adelante en esta sociedad es labor de toda la familia, especialmente en nuestra cultura. Comparta los detalles de su esfuerzo, y estará logrando una de las mejores inversiones que pueda hacer, y una que sus hijos y los hijos de sus hijos le agradecerán en el futuro.

19

▼

Los impuestos

Apostaría que los impuestos no son su tema favorito. ¡Qué coincidencia! Tampoco son mi tema favorito. Pero son un mal necesario en nuestra sociedad y tienen un impacto en su capacidad para progresar, así que los discutiremos brevemente.

Mi consejo principal en cuanto a los impuestos es: páguelos. Como mencioné con anterioridad, es nuestro deber cívico. Al mismo tiempo que gozamos de muchos maravillosos derechos y privilegios en Estados Unidos, también tenemos obligaciones. Nuestros impuestos hacen posible toda la magnífica gama de programas que describo en este libro, desde la educación pública hasta los préstamos para estudiantes. Además, es de enorme provecho para usted reportar con exactitud sus ingresos y pagar los impuestos correspondientes porque de esta manera estará generando documentación legal y oficial de sus ingresos. Esta documentación es de gran importancia cuando solicita financiamiento para comprar una casa, un auto o un préstamo comercial si trabaja por su cuenta. Sus declaraciones de impuestos probarán a los potenciales acreedores, independientemente de su historial crediticio, que se gana la vida y puede pagar un préstamo a tiempo. Dicho esto, cuando de impuestos se trata, es igualmente importante asegurarse de aprovechar de todas las deducciones a las que tiene derecho. Las deducciones son aquellas cosas que pueden ayudarle a reducir sus impuestos. Por ejemplo, cada uno de sus hijos es una deducción de impuestos. Si usted tiene actividades de trabajo independiente o trabaja por su cuenta, puede deducir los gastos relacionados con su negocio como, por ejemplo, abastecimientos, transporte y equipo. Puede deducir un cierto porcentaje de sus gastos de viaje y viáticos, y puede ser aprobado para deducir gastos de educación si ésta tiene una relación directa con su desempeño en el trabajo. De todo lo que vaya usted a deducir, debe conservar documentación detallada y todos los recibos de pago.

El código de impuestos varía constantemente, así que solamente un contador público o un experto en impuestos puede darle la información más reciente y estratégica sobre cómo reducir sus impuestos dentro del marco de la ley.

HÁGALO USTED MISMO

Las computadoras e Internet están facilitando que las personas puedan preparar sus propias declaraciones de impuestos. Prácticamente todos los establecimientos que venden computadoras le ofrecen programas que le ayudan a administrar sus finanzas y preparar sus declaraciones de impuestos. Existen numerosas páginas de Internet que ofrecen asistencia en línea para preparar sus declaraciones, y en la página del Ministerio de Hacienda (IRS) encontrará respuestas a sus preguntas y formularios que puede imprimir.

El sitio tradicional para obtener sus formularios de declaración es la oficina de correos. Si su situación es sencilla, puede obtener un folleto 1040 EZ y preparar su declaración en un abrir y cerrar de ojos. Esto funciona si usted es soltero y tiene un empleo convencional que le proporciona una forma W-2 cada año, con sus ingresos totales y los impuestos que se le han retenido. Sin embargo, mientras más complicada sea su situación, más probable será que pueda beneficiarse de ayuda profesional.

¿NECESITA AYUDA CON LOS IMPUESTOS?

Hay un sinnúmero de corporaciones —como H&R Block— que proporcionan asistencia en la declaración de impuestos. Las formas del Ministerio de Hacienda (IRS) no son precisamente fáciles de entender. Yo siempre he optado por invertir en ayuda profesional con mis impuestos. No solamente me garantiza que voy a evitar cometer errores que me puedan costar caros, sino que me ayudan a aprovechar las deducciones y ahorros al máximo.

Además de las corporaciones nacionales como H&R Block, hay muchos despachos contables pequeños que le pueden ayudar y proporcionar servicio personalizado en español o inglés. Le recomiendo encontrar un contador público titulado. Éstos han recibido un entrenamiento extenso y están obligados a pasar un examen bastante complicado y difícil para poder ser certificados, además de que están obligados a mantenerse actualizados con los cambios del código de impuestos y a cumplir con ciertas normas de ética.

PAGAR LOS IMPUESTOS

Una vez que se acostumbra a la idea de pagar impuestos, puede que no se le haga tan pesado. Se sentirá como un miembro productivo de la sociedad. A medida que la población latina crece en proporción a la población total de Estados Unidos, es importante que nuestra comunidad sea productiva y contribuya en una justa medida al bienestar económico del país.

Un punto que facilita el pago de los impuestos es pagarlos a plazos. Si usted es un empleado, puede optar por que le deduzcan impuestos de su salario. Esto le merma sus ingresos de entrada, pero al final del año generalmente recibe un cheque de reembolso, que puede depositar para sus metas. Si usted trabaja por su cuenta, puede efectuar pagos trimestrales, basado en la proyección de sus impuestos anuales. Si paga de más, también recibirá un reembolso o se le acreditará la cantidad a sus impuestos del siguiente año.

Al final del libro encontrará recursos que pueden ayudarle con cualquier duda que tenga respecto a sus impuestos. El Ministerio de Hacienda puede ser muy comprensivo y servicial; sus números telefónicos y su página de Internet están incluidos en el directorio. Asimismo, también distribuyen un folleto gratuito que contiene consejos sobre sus impuestos. Independientemente del método que escoja, recuerde que pagar sus impuestos no tiene por qué ser una experiencia negativa. En pocas palabras, recomiendo incluir el pago de impuestos como parte de su plan para salir adelante por las siguientes razones:

1 Siéntase orgulloso de ser un ciudadano que paga sus impuestos y cumple con sus obligaciones.

2 Vea el pago de impuestos como una oportunidad para crear un historial legítimo de sus ingresos. Este historial puede servirle para obtener en el futuro el financiamiento que facilite su progreso.

3 Encuentre la manera de aprovechar las deducciones al máximo.

4 Haga que el proceso sea lo menos doloroso. Utilice los maravillosos recursos a su disposición para hacer que la experiencia sea lo más libre de tensiones que pueda, ya sea contratando a un experto para ayudarle a preparar su declaración, o comprando un paquete de *software* que le facilite el proceso.

20

▼

El valor del seguro

Primero impuestos y después seguros. ¡Ustedes pensarán que trato de matarlos de aburrimiento! Pero no. Desdichadamente, estos dos temas son elementos integrales de una vida económica de éxito en Estados Unidos. Y digo "desdichadamente" porque estos dos temas no son precisamente interesantes para la mayoría de las personas, tampoco son las formas más divertidas de gastar su dinero, pero tienen su lado positivo. Si piensa que en otros muchos países los impuestos son bastante más altos y las compañías de seguros no son confiables, verá que en realidad somos muy afortunados.

Estados Unidos cuenta con una de las más sólidas industrias de seguros en el mundo. Usted puede comprar prácticamente cualquier seguro que pueda imaginar. ¡Hasta puede comprar un seguro para su seguro! Pero a pesar de todas las opciones disponibles, una tercera parte de la población latina no está asegurada.

Los principales tipos de seguro que debe considerar adquirir para formar un fundamento económico para su familia son:

1 Seguro de enfermedad

2 Seguro para su Automóvil

3 Seguro para su Casa o Seguro para Arrendadores

4 Seguro de Vida

Curiosamente, el tipo adecuado de seguro (y su costo promedio) para un individuo, con frecuencia varía dependiendo de la edad y el nivel de ingresos.

SEGURO CONTRA ENFERMEDADES

Tratándose de un seguro contra enfermedades, su mejor opción puede depender de su situación económica y laboral. Si el sitio donde usted trabaja ofrece este tipo de cobertura, ésta será muy probablemente su mejor opción, ya que comprar su cobertura individual puede ser bastante costoso. Si tiene necesidad de comprar su propia cobertura, su situación económica será determinante. Si usted cuenta con muy buenos ingresos y tiene bastante efectivo disponible, vale la pena comprar una póliza costosa que cubra todas sus necesidades, grandes y pequeñas. Pero si usted cuenta con un presupuesto limitado, entonces quizá debiera optar por una póliza que le dé cobertura contra catástrofes mayores, como una enfermedad seria, hospitalización, cirugía, etc.

El factor determinante para el nivel de su prima (el pago mensual de su seguro) es su deducible, o sea, la cantidad que usted debe pagar de su bolsa, antes de que el seguro empiece a cubrir los costos. Con bajo deducible, pagará primas más altas. Con un deducible alto, pagará primas más bajas.

Dependiendo de su situación económica, usted puede decidir cuál es el enfoque que más le conviene.

No todos los planes cubren los mismos servicios ni los mismos médicos y hospitales. Si usted tiene particular preferencia por cierto médico u hospital, asegúrese de que el plan de seguro que escoja lo cubra. De otra manera, tendrá que pagar cuotas adicionales por servicios "fuera de red". Su seguro no le da cobertura completa si el proveedor no está en su red o cubierto por su plan. Además, si usted tiene preocupaciones especiales o necesidades potenciales de salud, verifique y asegúrese que su seguro los cubre. No todos los seguros cubren gastos de maternidad, o gastos por enfermedades dentales o de la vista, por ejemplo.

A medida que usted envejece, el costo del seguro se incrementa. Entre las personas de veinte a cuarenta años, el seguro es más costoso para las mujeres. Esto se debe a que durante sus años de procreación, las mujeres son más susceptibles a una variedad de problemas de salud.

SEGURO PARA SU AUTOMÓVIL

El costo del seguro para su automóvil también varía dependiendo de la edad. Este tipo de seguro tiende a ser más costoso para chóferes jóvenes. El costo del seguro depende también del tipo de vehículo. Si usted conduce un auto deportivo, puede estar seguro que pagará más por su seguro que si su vehículo fuese una vagoneta. Probablemente podría también ahorrar en el costo del seguro si se queda con su auto viejo en lugar de cambiarlo por uno nuevo, ya que mientras más alto el valor del automóvil, más costoso el seguro.

En muchos estados, la ley exige que usted tenga seguro de responsabilidad. El seguro de responsabilidad cubre los daños que usted incurre si es responsable de daños y perjuicios a un tercero. Sin embargo, la cantidad que cubre ese seguro de responsabilidad en muchas ocasiones no es tan alta como usted desearía. Si usted adquiere una póliza con la cobertura mínima que su estado exige, ésta cantidad podría ser de tal vez $20.000 por persona y $40.000 por accidente. Y es probable que esa cantidad no fuese suficiente en esta época de demandas. Por un poco más, usted podría obtener cobertura de $100.000 por persona y $300.000 por accidente. Este seguro le protegería mucho mejor en caso de un accidente. Algunos expertos recomiendan que usted adquiera un seguro contra chóferes no asegurados, que le cubre en caso de ser lesionado por un chofer que no tenga seguro.[1]

SEGURO PARA SU CASA O SEGURO PARA ARRENDADORES

Cuando usted adquiere una casa, la compañía hipotecaria le exige comprar un seguro. Este seguro generalmente debe cubrir el costo estimado de reconstruir la casa totalmente en caso de algún desastre. Además, muchas pólizas incluyen cobertura de responsabilidad en caso de que alguien se lesione en su casa. Este tipo de cobertura le protege en caso de una demanda. Al comprar este tipo de seguro, revise la póliza detenidamente para saber que excluye. Asegúrese de comprender exactamente qué cubre y qué no. ¿Está cubierto el contenido de la casa? El valor de la cobertura es suficiente para reemplazar sus posesiones? Si usted no está contento con alguna de las limitantes de la póliza, hable con su agente y pregunte cuánto costaría cambiarlas.

Las personas que rentan el sitio en el que viven, deben a veces contar con un seguro para arrendadores. Tanto si es una obligación como si no, es una buena idea protegerse contra un desastre y contra el robo. El seguro de arrendadores es generalmente barato, y le puede proporcionar cobertura de responsabilidad.

---

[1] Guía Permanente para el Dinero, del Wall Street Journal (Wall Street Journalís Lifetime Guide to Money), editada por C. Frederick Wiegold, Hyperion, New York, 1997, páginas 121-122

SEGURO DE VIDA

El seguro de vida es probablemente el más complicado de todos. Pero por muchas razones puede ser el más importante también. Su necesidad de un seguro de vida cambiará con los años. Generalmente se inicia el momento en que trae su primer hijo a casa. Antes de ese dichoso momento, yo no había pensado mucho en un seguro de vida. Pero a partir de entonces, estuve muy preocupado hasta el día que supe que tenía cobertura suficiente para proteger a mi hija y mi esposa en caso de una tragedia.

A nadie le gusta hablar de la muerte, ni siquiera nos gusta pensar en ella. Muchas personas inclusive piensan que es de mala suerte pensar en la muerte. Pero cuando usted tiene una familia, tiene una gran responsabilidad. El seguro de vida le permite asegurarse de que independientemente de lo que a usted pudiese pasarle, sus seres queridos podrán vivir cómodamente y sus hijos podrán tener una educación.

Por qué suma deberá asegurarse y que tipo de seguro deberá comprar depende de su edad y sus ingresos. Cuando usted tiene entre 20 y 40 años de edad, el seguro de vida es relativamente barato. Pero, en esta etapa, su presupuesto es generalmente limitado. Su mayor preocupación es garantizar que su familia esté protegida en caso de que usted falte. En esta etapa de su vida tiene sentido aplicar la regla tradicional de asegurarse por una cantidad igual a 5 á 7 veces su ingreso anual. Hay quien inclusive recomienda asegurarse por 10 veces su ingreso anual. [2]

Una vez que se decide a adquirir un seguro de vida tiene varias opciones. Los dos tipos principales de seguro de vida son: de vencimiento y de valor efectivo.

El seguro de vencimiento es generalmente mucho más barato, así que es más fácil empezar con un seguro de vencimiento. El lado malo de este tipo de seguro es que le paga

---

[2] Ibid., pág. 150.

dentro del vencimiento de la póliza, pero una vez que el vencimiento se cumple no tiene valor en efectivo. Si usted desea seguir asegurado una vez que su póliza ha vencido, sus primas se elevarán de manera exagerada, ya que para entonces usted representará un riesgo mucho mayor para la compañía aseguradora. Sin embargo, este tipo de seguro le da la mayor cantidad de cobertura por las primas más bajas. El seguro de vida de tipo vencimiento le conviene si su presupuesto está muy limitado y usted quiere cobertura por un determinado período de tiempo, quizás 10 a 15 años, mientras sus hijos crecen. Si usted piensa que para entonces su familia ya no necesitará de los beneficios de un seguro de vida, entonces podrá descontinuar la cobertura cuando la póliza haya vencido.

Las pólizas de valor efectivo son más caras al principio, pero combinan aspectos de la póliza de vencimiento con una función de cuenta de ahorros. Las primas más elevadas que usted paga son una compensación por el hecho que usted está asegurándose de pagar el mismo nivel de prima para toda la vida. Y además, parte de sus pagos se acumulan y se ahorran o invierten. Años más tarde, usted puede tener acceso a ese dinero. Este tipo de seguro es más conveniente para aquellos que desean estar asegurados durante toda su vida y pueden pagar las primas más altas.[3]

Usted no necesariamente tiene que escoger entre los dos tipos. Algunas personas optan por una combinación. Independientemente de su opción inicial, usted deberá evaluar su cobertura cada dos o tres años, para asegurarse que aún es efectiva para cubrir sus necesidades y que sigue cumpliendo con el rol que usted le asignó.

---

[3] Ibid., pág. 154.

21

▼

Inversión y planificación para una jubilación acomodada

A medida que usted trabaja hacia sus metas tendrá que planear bastante, y cuando se trata de la meta de jubilación, la planificación es esencial. Además, puede ser muy complicada.

Todos los que tengamos la suerte de vivir una vida larga, desearemos algún día dejar de trabajar y sencillamente disfrutar del tiempo con nuestros cónyuges y nuestras familias, viajando y descansando.

Todo esto se inicia con metas muy específicas de lo que usted desea para su jubilación. ¿Qué ingresos necesitará? ¿Cuánto tendrá que ahorrar para generar esos ingresos sin estar trabajando? ¿Necesitará seguir trabajando, al menos parte de su tiempo? ¿Cuántas de sus necesidades podrá cubrir el seguro social? A medida que determina la cantidad que necesita para su jubilación, puede empezar a calcular cuánto tendrá que ahorrar cada año a partir de la fecha y hasta la edad en que desea jubilarse. ¿Es factible ahorrar esta cantidad?, y de no serlo, ¿puede recortar sus gastos para ahorrar más? ¿Cuánto debería estar ahorrando?

Algunos expertos creen que se debe ahorrar cuanto menos el 10% de los ingresos totales anuales para poder jubilarse algún día y poder conservar el estilo de vida. [1]

A medida que empieza a planear y prepararse, es importante desarrollar cierta documentación; su testamento, por ejemplo. Organice sus archivos. Haga inventario de sus activos. Asegúrese a medida que avanza hacia su madurez de que todos sus asuntos estén en orden. Esto puede proteger sus ahorros y garantizar que su herencia se administre de acuerdo con sus deseos, y no los del estado.

Existen muchos libros que pueden ayudarle a desarrollar un plan financiero a largo plazo que incluya su jubilación. Algunos de ellos están enumerados al final de la sección para referencia futura.

Adicionalmente, existen muchos sitios de Internet que proporcionan calculadoras para planear su jubilación. Básicamente, puede usar este proceso interactivo para calcular cuánto dinero necesitará cuando llegue a este punto en su vida. Un tal ejemplo, producto de Fidelity Investments, se puede encontrar en www.401k.com.

Una parte importante de su planificación a largo plazo incluye las inversiones. Una vez que tiene el fondo para emergencias en cuentas de ahorros, CDs y cuentas de mercado de valores, querrá cambiar a inversiones de largo plazo con altas probabilidades de redituarle una tasa más alta. La forma más común de invertir para personas que no son expertas, es a través de fondos mutualistas (*mutual funds*). Los fondos mutualistas combinan el dinero de diferentes personas e invierten en grupos de compañías que tienen algo en común.

---

[1] Ibid., pág. 23.

Muchas personas temen invertir en la bolsa de valores. Tienen miedo de perder todo su dinero. En gran parte, la bolsa de valores ha demostrado ser flexible y orientada al crecimiento. Invirtiendo los ingresos que no planea utilizar por muchos años en fondos mutualistas respetables, prácticamente puede asegurarse de un crecimiento sólido a largo plazo.

La mejor estrategia para una persona o un matrimonio depende en gran medida de la etapa de la vida en que se encuentran. Por ejemplo, los inversionistas más jóvenes pueden darse el lujo de ser más atrevidos. La mayor parte de su potencial de ingresos está aún por realizarse. Pueden también aprovechar la tendencia del mercado de valores, que a largo plazo es generalmente a la alza. No tienen que preocuparse demasiado acerca de la liquidez o disponibilidad de esos fondos hoy ni mañana, sino décadas más tarde. Así que para este sector de la población, correr algunos riesgos en el presente puede ser una estrategia que rinda buenos frutos en el futuro. Por otro lado, el atractivo de correr riesgos disminuye a medida que se avanza en edad. Mientras más viejo se es, menos dispuesto se está de correr riesgos con sus ahorros, y mientras más viejo se es, más y más potencial de ingresos va quedando atrás. Además, garantizar la estabilidad y el constante crecimiento de su fondo de jubilación va adquiriendo una mayor importancia a medida que se aproxima la fecha de su jubilación.

Esta estrategia de inversión, basada en la edad, tiene mucho sentido común. Así que mientras que usted puede invertir en fondos mutualistas agresivos y acciones con potencial de crecimiento en su juventud, a medida que va madurando debe considerar hacer la transición a herramientas de inversión más conservadoras, como son por ejemplo acciones en compañías y fondos mutualistas selectos, y bonos del gobierno federal.

Una vez que ha decidido su estrategia general, hay que apretarse el cinturón y empezar a guardar dinero. No es fácil, con tantas necesidades y gastos urgentes en casa, pero una excelente forma de ahorrar para su jubilación y empezar a invertir es hacer arreglos para que se le deduzca una cierta cantidad de su sueldo o de su cuenta bancaria cada mes, y se invierta en una cuenta de fondo mutualista.

De ser posible, debería utilizar al máximo las opciones de ahorro deducibles de impuestos, como las Cuentas Individuales para la Jubilación, (*Individual Retirement Accounts* o IRAs por sus siglas en inglés). Asimismo, si usted trabaja para una compañía que ofrece un plan de 401(K), debería considerar también esa opción. Estos planes le permiten ahorrar hasta cierta cantidad al año, sin tener que pagar impuestos por ella. El dinero crece libre de impuestos, hasta que lo retira al momento de su jubilación. De este modo, obtiene un doble beneficio de impuestos.

Para las personas que se encuentran en las más altas esferas de ingresos, existe un rango de opciones para reducir al máximo el impacto de los impuestos en sus fondos de jubilación. Si cuenta con los recursos, la estrategia consiste en construir un portafolio equilibrado que combine una mezcla de opciones de inversión. Este puede incluir acciones, bonos, bonos sin gravamen (como los bonos municipales y estatales), bonos de ahorro de los estados unidos, certificados del tesoro, y más.

Las acciones son participaciones en corporaciones comerciales. Generalmente generan un dividendo que puede ser cobrado o reinvertido. Esta categoría de inversión a lo largo del tiempo ha demostrado un crecimiento agresivo. A corto plazo, sin embargo, las acciones son volátiles por lo que puede ser una opción riesgosa.

Cuando usted compra un bono, esencialmente está concediendo un préstamo a quien lo emite. La tasa de rédito que recibe se incrementa a medida que el riesgo se incrementa. Desde el gobierno federal hasta las corporaciones, todo el mundo emite bonos.

Al tratar de llegar a la mezcla correcta de ahorros e inversiones para su jubilación, sería bueno contratar ayuda profesional o leer extensamente sobre el tema. Algunas personas recurren a los planeadores financieros titulados. El consejo de estos profesionales, sin embargo, cuesta caro. Así que si se estudia a fondo el tema, la mayoría de las personas pueden elaborar su propio plan.

Una vez que empiece a invertir, puede hacerlo a través de su banco o establecer relación con una correduría de buena reputación. No tiene que empezar en grande. Muchos fondos mutualistas le permiten iniciar con contribuciones mensuales desde $50 a $100. Esto no parece difícil, y ciertamente es posible para la mayoría de la gente, pero quizá crea que no va a ayudar mucho para su fondo de jubilación. Se equivoca. Si empezara a invertir $50 mensuales en un buen fondo mutualista a la edad de 25 años, tendría un valor acumulado de $174.550 para cuando cumpliese los 65 años. (Esto es asumiendo un 8% de réditos, sin ajustar los impuestos).[2]

Así que como puede ver: el ahorro y la planificación son de gran ayuda para salir adelante. La clave es empezar lo más temprano posible. Nunca es tarde, pero el impacto de iniciar a temprana edad, es inmenso. Por ejemplo, si usted hubiese empezado a ahorrar esos $50 mensuales a los 35 años en vez de los 25, llegaría a los 65 años con $100.000 menos, ¡bajo las mismas circunstancias! Así que no pierda tiempo, empiece cuanto antes, y no tenga miedo a diversificar sus ahorros e inversiones. En Estados Unidos este enfoque es el fundamento más común para una jubilación exitosa.

---

[2] Ibid., pág. 8.

Siga adelante: la jornada apenas ha empezado

Así que ahí lo tiene. Iniciamos esta pequeña jornada con mis recuerdos de muchas tardes de estar descansando en el patio de mi abuelito bajo la sombra de un aguacate en la ciudad de Matamoros, México. Eso fue hace ya alrededor de treinta años. Pero aún recuerdo sus sabias palabras: "Trabaja sin cesar, trabaja".

Yo seguí su consejo. He trabajado, y trabajado, y trabajado. Pero en el transcurso, aprendí a través de observaciones y experiencias personales, que el trabajo no es suficiente. Sin duda que mi abuelito lo sabía también. Pero si me iba a impartir una sola idea, yo pienso que ésa fue la que escogió. Tal vez sabía que yo podría averiguar por mí mismo el resto de los ingredientes necesarios para el éxito, o tal vez desconocía cuales serían esos ingredientes en mi caso, creciendo en un mundo híbrido y extraño que abarca dos naciones, dos culturas y dos idiomas. Pero me empujó en la dirección correcta, y me dio la voluntad de triunfar y un maravilloso ejemplo a seguir.

Después de todos estos años, ha sido para mí un privilegio compartir con ustedes mis ideas sobre la forma de alcanzar el éxito en Estados Unidos. Como latinos, enfrentamos retos únicos. Pero por otro lado, sin duda compartimos muchas similitudes con los millones de emigrantes que nos precedieron en llegar a esta tierra en busca de oportunidades y arriesgando hasta la vida por salir adelante.

Al igual que los que nos precedieron en la aventura, nosotros también podemos sobresalir; también somos capaces de establecer metas ambiciosas y superarlas. Pero nuestro reto singular incluye no perder lo que más apreciamos: nuestra cultura, nuestros valores familiares, nuestro idioma, nuestra música, nuestra comida, la vibrante y singular manera de ser que nos hace especiales. Encontrar el equilibrio perfecto entre aquello que llevamos dentro y lo que estamos luchando por alcanzar, es la clave para lograr armonía y realización. Nuestra versión del sueño americano no debe ser únicamente el dinero y las posesiones materiales. No debe ser simplemente ascender en la escala social. Debe ser el sueño que cada uno de nosotros haya soñado.

Así como he establecido una empresa exitosa, disfruto de un hermoso matrimonio y amo a mi pequeña y adorada hija, he encontrado una enorme satisfacción en presentar una imagen positiva en las vidas de algunos latinos muy trabajadores. Para las personas que menciono en este libro —como Lucy y el Sr. Castillo, como el Sr. Elías, el pintor, y Vicente el jardinero— para todos ustedes que me honran al leer estas páginas, mil gracias por la oportunidad que me brindan de servirles.

De ninguna manera creo tener todas las respuestas. Sólo soy un empresario, artista y escritor aún joven. Todavía estoy trabajando muy duro para alcanzar mis propios sueños. Pero

puedo asegurarles con entera honestidad que creo firme-
mente y de todo corazón que los temas que hemos discutido
son esenciales para nuestro éxito en esta tierra.

Visualice sus sueños. Compártalos con su familia y sus
amigos; y enfoque todos sus deseos, su determinación y sus
energías para hacerlos realidad. A través de la educación, el
desarrollo profesional y las finanzas personales, trabaje firme-
mente hacia las metas que ha establecido. Y haga como decía
mi abuelito: trabaje, sin cesar, trabaje, y prepárese como lo
hizo él toda su vida que aún puedo verlo con los ojos del
recuerdo, con su sombrero de ranchero y su guayabera blanca
aleteando con la brisa del Golfo); prepárese… para salir adelante.

Una vez que se establece el compromiso, no hay marcha
atrás.

Printed in the United States
by Baker & Taylor Publisher Services